ちくま新書

現代語訳 日本国憲法

伊藤 真＝訳
Ito Makoto

1049

現代語訳 日本国憲法【目次】

はじめに

本書は、日本国憲法と大日本帝国憲法を「現代語」に訳したものです。もともと日本国憲法は、制定当初から現代語で書かれてあります。その意味ではあえて「現代語訳」しなくともよいとも言われそうです。

たしかに、憲法の条文を読むこと自体はそれほど苦痛ではないかもしれません。しかし、条文で使われていることばは、日常用語と違う特別な意味で使われている場合が多いものです。また、ひとつのことばの中に、国語辞書にはない多くの内容が含まれています。さらに、日本国憲法の制定過程との関係で、英文を翻訳したような文章だとも言われています。ひとつの条文がかなり長く、主語と述語の対応が一読しただけではわかりにくいものもあります。

その意味で、読むこと自体は苦痛ではないけれども、読んで理解することはそう簡単ではありません。

最近では、憲法改正を巡る議論が頻繁に行われています。憲法改正の国民投票が行われれば、私たちは、現行憲法の条文でどこがダメなのか、新しい条文で本当によいのかを自分の頭で考えて決めなければなりません。

そのためにはまず、現行憲法の条文を理解する必要があります。それとともに、現行憲法は明治憲法の反省に立って作られているため、明治憲法について知ることも重要です。そのような憲法の知識を身につける方法として一般的なのは、学者が書いた教科書を読むことです。芦部《あしべ》信喜《のぶよし》『憲法』（岩波書店）が憲法の教科書の代表といえます。

ところがこのような教科書の類いは、必ずしも条文の順に説明がなされているわけでも、条文のことばを細かく説明してくれるものでもありません。その点では、教科書ではなく、条文ごとに解説を加えた書物（「コンメンタール」「逐条《ちくじょう》解説書」）がありますが、本格的なものが多く、手軽に読めるものとは言えません。

また、明治憲法に関する解説書として現在でも入手できるものはほとんどありませんし、明治時代の文章を読み進めるのは骨が折れます。

以上のような状況をふまえ、現行憲法と明治憲法を「現代語訳」し、それぞれに簡単な

解説を加え、手軽に読むことができるように書き上げたのが本書です。日本国憲法を訳した書物はほかにもありますが、本書は内容をできるだけ正確に訳しました。また、明治憲法は文語体で読みにくいという声に応え、それも現代語に訳し、読んでわかるようにしました。二つの憲法の条文を、読んでわかるように訳し比べてみたのが本書の特徴です。

本書の企画の打診を受けたときに、正直にいえば戸惑《とまど》いました。「現代語訳」とはいっても、外国語の翻訳のようなわけにはいきません。外国語の翻訳ならば、対応する同じ意味の母国語に置き換えることが中心ですが、本書の翻訳は、ことばの「置き換え」ではなく、「説明」が中心となります。わかりやすくしようとするとどうしても長くなり、逆に、簡潔にすると原文のままになってしまいます。

それでも「憲法の伝道師」を自任する立場上、憲法改正について少しでも実《みの》りのある議論ができるようになればという思いで、本書の執筆を引き受けた次第です。翻訳や解説が要を得たものかどうかは読者にみなさんの判断に委《ゆだ》ねるしかありません。

ただ、正確を期し、学術書をもとにした「翻訳」を心がけたことはいうまでもありません。特に、宮澤俊義《みやざわとしよし》（芦部信喜補訂）『全訂日本国憲法』（日本評論社）と『註解日本国憲

法』（法学協会）に負うところが大きいです（明治憲法については伊藤博文《ひろぶみ》「憲法義解《ぎかい》」、美濃《みの》部《べ》達吉《たつきち》「憲法撮要《さつよう》」を参照しています）。

本書が一定水準の憲法条文の知識を身につけたいという方のお役に立てれば幸いです。

第1部

現代語訳

日本国憲法

前文

日本国民は、民意《みんい》を正しく反映した選挙による国会《こっかい》の代表者を通じて国の政治を行う。日本国民は、私たちと未来の子どもたちのために、諸国との平和な協力関係をしっかり作り、自由のありがたさが国のすみずみまで確実に行き渡って国民の人権が保障されるようにし、国によって戦争というむごい災いをふたたび引き起こさせないようにすることを決意した。日本国民は、これらを実現するために、国の政治のあり方を最終的に決める力が国民にあることを宣言して、この憲法を作った。

(第1段第1文)

そもそも国の政治は、国民が代表者にそれぞれの思いを託《たく》して行われるものである。そのため、それは国民を源《みなもと》とするものであり、その権力は政治に携《たずさ》わる人々が国民の代表者として行使するものであり、そこからもたらされる幸福や利益は国民が受けるものでなければならない。この民主主義の考え方は人類すべてに通用するものであり、この憲法もこの考えに基づく。私たちは、この考え方に反するあらゆる法を憲法を含めて一切認めない。（第1段第2文）

日本国民は、平和がいつまでも続くことを強く願い、隣人愛や信頼関係、平和的な共存関係のような人間同士の関係を支配する気高《けだか》い理想がいかに大切かを十分に心に刻んだ。このことから私たちは、自分たちの安全と命を守る手段を武力に求めるのではなく、平和を愛する諸国の人々の公正さと約束を守る態度を信じることに求めることを決意した。（第2段第1文）

今や世界は、平和を維持し、国内では国民を奴隷《どれい》のように扱う専制《せんせい》政治を、また国際社会では他国への圧迫と利己的な国家主義を、それぞれ地上から永遠になくそうと努力している。私たちも、さきの決意を実現していくことにより国際社会において名誉ある地位を占めたいと思う。（第2段第2文）

そう考えて私たちは武力を放棄したが、世界各国がこれにならうようになれば、世界中の人々が、紛争や暴力などの恐怖から逃れ、貧困や飢えなどの欠乏《けつぼう》から逃れることができる。私たちは、世界すべての人々がそのような平和な環境の中で生きていく権利をもつことを確認する。（第2段第3文）

世界各国は、「自分の国さえよければ他の国はどうなってもいい」という利己《りこ》的な国家主義に陥《おちい》ってはならない。お互いが協力し合うルールこそが、世界のすべての国と人とを拘束するものである。他国に対して自国の独立性を主張し、対等な関係に立とうとする各国は、このルールに従う責務があると信じる。（第3段）

日本国民は、国の名誉にかけて、この前文に記した気高い理想と目的を全力で達成することを誓う。（第4段）

（注）（第○段第○文）は筆者が便宜上記したものです。

【解説】憲法の基本原理とその関係

前文は、憲法の一部ですから、他の憲法の条文と同じように国はそれを守らなければなりません。この前文の特徴は、一つの文章が長く、複雑な構造になっていることです。

第1段は、一言でいえば、「平和であってはじめて自由でいられることができるのだから、今までのような君主政治ではなく民主政治を行っていこう、そのためにこの憲法を作ったのだ」という内容です。前文では最も重要です。

細かく見ていくと、第1段第1文は、主語である「日本国民は」を五つの述語（行動し、確保し、決意し、宣言し、確定する）で受けるかたちをとっていますが、最後の述語である「この憲法を確定する」がこの文章の幹《みき》の部分です。つまり、政治を決める力（主権）が、天皇から国民に移ったのだから、政治のルールである憲法も国民が作ったという意味です。

その前に作った理由が示されています。自由であるには平和でなければならないこと、そのためには戦争をさせないこと、そのためには国の権力を軍閥や官僚に任せず、国民の代表者を通じて国民が行使し、国の政治のあり方は国民が最終的に決めることがその理由です。すなわち、〈基本的人権の尊重〉〈平和主義〉〈国民主権主義〉という日本国憲法の三大原理を確保するために、国民が憲法を作ったというわけです。しかも、基本的人権の尊重、平和主義の実現のためには民主主義でなければならないとして、国民の人権と平和が憲法制定の最大の目的であることも示しています。

国民のための憲法であることは、第1段第2文でも示されています。ここでは民主主義の意味を述べ、それがすべての人類に通用すべきルールであることを述べます。その意味は、リンカーンが1863年にゲティスバーグの演説で述べた「人民の、人民による、人民のための政治」と同じ趣旨です。

次いで、民主主義が人類共通のルールだとすることにより、天皇主権は明確に否定されます。天皇の権威《けんい》の下に作られた戦前の法はすべて排除され、これから作られる法もこのルールに従わないものはたとえ憲法であっても認められないとして、憲法改正にも限界があることが示されています。

第2段は、平和主義の内容を述べています。第1文では、武力を持たない平和主義を〈決意〉します。原文にある「人間相互の関係を支配する崇高《すうこう》な理想」の具体的内容は、はっきりしません。が、武力で平和を維持するのとは真逆の関係ですから、隣人愛や信頼関係、平和的な共存関係と推測し、翻訳ではそう補《おぎな》いました。

「丸腰で攻められたらどうするのか」との問いに対して、憲法は「諸国民の公正と信義に信頼」すると答えました。もちろん相手国を盲信することではありません。そうではなく、平和的な国際貢献と外交交渉を通じて、「日本を攻めたら自国に不利になる関係」を築くことが安全保障の実現への最も現実的な道なのだから、そのように努力するということです。

第2段第2文は、武力を持たない平和主義の決意を実現することによって、世界の中で「名誉ある地位を占めたい」という〈決意〉を述べ、第3文は、そういう世界を実現するために、平和的生存権をもつことを〈確認〉をします。

第3段は、国際協調主義を述べます。戦前の日本がとったような利己的な国家主義によらず、すべての国が他国と協力しあうというルールに拘束されるべきだとします。原文にある「政治道徳の法則」の具体的内容もはっきりしませんが、おそらく、その前に書かれてある利己的な国家主義によらないというルール、言い換えれば国家間が協調しあう国際協調主義を意味すると考えられます。

第4段は、以上に述べてきた内容をあえて理想と目的と表現し、これを全力で達成するという日本国民の強い意志と覚悟を示しています。

第1章　天皇

第1条　天皇《てんのう》の地位、国民主権

天皇は、日本という国と日本人全体の象徴《しょうちょう》という地位に留まる。このような地位に限定したのは、国の政治を決める力をもつ日本国民の意思によるものである。

【解説】「象徴以外の役割を認めない」ということ

本条は、象徴天皇制を定めています。

象徴とは、鳩《はと》が平和の象徴、ハートマークが愛の象徴、十字架がキリスト教の象徴であるように、それを見た人がその抽象的な観念を思い浮かべる関係にあるものをいいます。実際に思い浮かべられなくとも、そう期待されている関係です。象徴としての天皇を通じて、国民が「国」を感じ、国民がまとまることを期待しているのです。

明治憲法下の天皇は主権者であり、統治権の総攬《そうらん》者として、国のすべての働きを一手にまとめる立場でした。しかしその地位が軍などに濫用されて戦争に突入したため、日本国憲法は、主権者を天皇から国民に切り替え、天皇は形式的・儀礼的な行為、つまり政治に関わらない行為しかできないこととしました。それを定めるのが本条です。

本条の象徴天皇制は、天皇に象徴としての役割をどんどんやってもらう意味ではなく、象徴以外の役割を認めない、具体的には政治の世界に自分の意見を言わせないことを求める趣旨です（「趣旨」とは法律の世界では、条文を作った目的をいいます）。天皇が実際に行う非政治的な行為は、形式的・儀礼的な国事《こくじ》に関する行為として4条などに定められています。

第2条　皇位の世襲《せしゅう》

天皇になることができるのは、天皇の血筋《ちすじ》をひいた人に限られる。

いつ、誰がどのようにして天皇になるかという細かいことは、国会が作った皇室《こうしつ》典範《てんぱん》という普通の法律で定められている。

【解説】天皇になれるのは誰か

天皇になることができる人は、生まれながらにして決まっています。天皇家の一定の血統関係にある人だけです。原文ではこれを「世襲」と言います。

現在のところ、天皇になることができるのは「皇統に属する男系《だんけい》の男子」です（皇室典範1条）。人は生まれながらにして平等だという考えを憲法はとっていますが、この皇位の世襲制は法の下の平等の例外にあたります。

皇室典範は通常の法律と同じように国会で作られます。明治憲法下の皇室典範に帝国議会が口出しできなかったのとは違います。ですから、国民が議論して皇室典範を改正し、生前退位や女性天皇を認めることもできます。

第3条　国事行為と内閣《ないかく》の助言と承認

天皇の国事行為は、内閣が決めたところに従って行われなければならず、そうして行われた国事行為の責任は、すべて内閣が負う。

【解説】国事行為の責任は内閣が負う

天皇は象徴であり、政治に関わらない行為ができるにすぎません。しかも、その国事行為すら、自分の判断だけで行うことはできず、内閣の判断に従わなければならないとするのが本条です。内閣が天皇の行動を民主的にコントロールする趣旨です。

原文には「内閣の助言と承認」とありますが、民主的コントロールを加える趣旨からいえば、「助言」と「承認」の二つがなくとも、内閣の実質的な判断に従って行われていれば足ります。そうして行われた行為は、実質的に内閣が決めたことですから、天皇ではなく、内閣が責任を負います。たとえば、仮に国事行為によって民事上の損害賠償《ばいしょう》責任が問題になっても、その責任は天皇ではなく、内閣が負います。

第4条　天皇の権限、国事行為の委任《いにん》

Ⅰ　天皇ができることは、この憲法が定めている国事行為、すなわち国のほかの機関が決めたことに儀礼《ぎれい》的・名目的に参加することに限られ、国政に関する権能はもたない。

Ⅱ　天皇は国事行為を一時的に代わってしてもらうことができる。くわしいことは法律で定める。

【解説】天皇ができること、できないこと

Ⅰ項は、天皇が国事行為しかできず、「国政に関する権能」をもたないとします。ですから、天皇は政治に関わって自身の考えを述べることはできません。国事行為が何かは憲法6条と7条に定められています。

国事行為以外にも、天皇は、学問研究などの「私的行為」と、国会開会式での「おことば」の朗読《ろうどく》などの「公的行為」も行います。ただ、「私的行為」や「公的行為」だからといって、何をしてもよいわけではありません。たとえば、学問研究の成果として戦後補償問題に関する論文を発表したり、「おことば」として特定の政党を支持することは、政治に口出しすることになるので認められません。

Ⅱ項は、国事行為の「委任」（原文）です。委任とは臨時代行、つまり、一時的に仕事を代わってもらうことです。天皇が海外旅行に出かけたり、病気になったときに、国事行為を交代してもらう制度です。詳しい手続きは「国事行為の臨時代行に関する法律」という法律で定められています。

第5条　摂政《せっしょう》

皇室典範の規定によって摂政（天皇の代理人）を置くときは、摂政は、天皇の名で国事行為を行う。摂政も国政に関する権能をもたない。

【解説】長期ご不在時の対処法

臨時代行（4条Ⅱ項）が一時的な不在に対処する制度であるのに対して、摂政（本条）は長期の不在などに対処する制度です。

皇室典範によれば、即位したものの成年（18歳）に達しない場合や、重い病気で治療に何年もかかるために国事行為を行うことができない場合は、「摂政」を置くことになっています（16条）。

「摂政」とは、大まかに言えば、天皇の代理人です。本条は、摂政が行う国事行為が、「天皇の名で」行われることを定めています。すなわち、摂政が行った国事行為は天皇自身が行ったのと同じ意味があること、他方で、摂政はあくまで代理人であって、天皇そのものではないということです。したがって、象徴としての地位は現天皇のまま変わりません。

なお、摂政も国政に関する権能はもちません（本条2項）。また摂政が行う国事行為にも内閣の助言と承認が必要です。

第6条　天皇の国事行為①

Ⅰ　天皇は、国会が内閣総理大臣《ないかくそうりだいじん》に選んだ人を、その職に就《つ》かせる。

Ⅱ　天皇は、内閣が最高裁判所の長官に選んだ人を、その職に就かせる。

【解説】天皇の国事行為とはどのようなものか①

7条とともに天皇の国事行為を具体的に明示しています。

本条では、内閣の長と裁判所の長を任命することを定めます。「指名」と「任命《にんめい》」は違う意味です。大まかにいえば「指名」は誰にするかを選ぶこと、「任命」はその職に就かせることです。職に就かせるというのは、総理大臣や長官に選ばれた人を宮中《きゅうちゅう》に呼んで「○○に任命します」と言いながら任命書を渡す儀式を行うことです。国事行為ですから、天皇の考えで別の人に差し替えるようなことはできません。

第7条　天皇の国事行為②

天皇は、内閣が決めたところに従い、国民に代わり、以下の国事行為を行う。

一　改正された憲法や、新たに作られた法律・政令《せいれい》・条約を広く国民に知らせること。

二　国会が始まることを国会議員に知らせて集めること。

三　衆議院《しゅうぎいん》議員全員の資格を、その任期の前に奪うこと。

四　国会議員の選挙を行うときに、それを国民に知らせること。

五　一定の高い地位にある公務員の任免《にんめん》、各種の重要な外交文書などの認証を行うこと。

六　恩赦《おんしゃ》を認証すること。

七　人の功績をたたえて表彰すること。

八　条約の最終確認をしたり、外国とのやりとりで交わされた文書を認証すること。

九　外国から来た大使や公使に会うこと。

十　儀式を行うこと。

【解説】天皇の国事行為とはどのようなものか②

6条とともに天皇の国事行為を定めています。

一号の「政令」とは、内閣が作る法、「公布《こうふ》」とは国民に知らせることです。

二号の「召集《しょうしゅう》」とは、国会議員を呼び出して国会の活動開始を宣言することです。国会は一定期間だけ活動するので、議員は呼ばないと国会に集まりません。

三号の「解散」とは、議員全員の資格を任期満了前に失わせることです。

国会の召集や衆議院の解散のように、天皇の国事行為には、国政にかかわる行為も並んでいます。しかしこれらも天皇が単独で行うのではなく、内閣の助言と承認のもとに行うので、形式的・儀礼的行為といえます。

四号については、一般に「総選挙」とは衆院選をいい、参院選は「通常選挙」です。ただ原文にいう「総選挙」は、参院選を含めて、国会議員の選挙という意味です。

五号の原文で「任免」とは、任命と罷免《ひめん》、つまり職に就かせることと辞めさせること、「認証」とは正しい手続きで行われたことを証明することです。

六号はいろいろ書いてありますが、これらをまとめて「恩赦《おんしゃ》」といいます。国の慶事《けいじ》などに、天皇が受刑者や被告人を赦《ゆる》す制度です。原文で「大赦《たいしゃ》」とは、政令で赦すことに決めた罪について、有罪になった人や裁判中の被告人を、解放したり罪を軽くすることです。「特赦《とくしゃ》」は、解放したり罪を軽くする人の範囲を、政令で一般的にではなく受刑者ごとに個別に決めるものです。「減刑《げんけい》」は刑を軽くすること、「刑の執行の免除」とは、刑を言い渡された人を個別に選び、その刑を受けなくてもよくさせること（前科は残る）、「復権《ふっけん》」とは、選挙犯罪で選挙権を停止されていた人の資格を回復する措置をとるような場合です。

七号の「栄典の授与」とは、文化の発展に寄与した人に文化勲章を贈るなど、その人の功績を表彰することです。

八号の「批准《ひじゅん》」とは、条約の成立を最終的に確認すること、「外交文書」とは、条約以外で外国と交換した取り決めです。

九号の「大使《たいし》」とは、国家を代表して日本に駐在し、外交事務を取り扱う職務を行う人、「公使《こうし》」は大使に次ぐ地位にある人、「接受《せつじゅ》」は会うことです。

十号の「儀式」とは、昭和天皇のお葬式である大喪《たいそう》の礼のような国家的儀式を行うことです。

第8条　皇室の財産

国民が皇室に財産を譲《ゆず》ったり、皇室がそれを受けとったり、皇室が国民に財産を与えるときには、国会の議決が必要である。

【解説】皇室財産の授受をコントロールするために

天皇や皇族の財産授受を国会のコントロールのもとに置き、皇室が財産を通じて政治的影響力をもたないようにする趣旨です。

ただ、皇族であっても、婚約者へのちょっとしたプレゼントなどまでいちいち国会で議決してもらうのは興《きょう》ざめです。そのため、皇室のみなさんの日常生活にかかわるていどの財産授受などは、一定の金額内であれば国会の議決は不要と考えられています。

第2章

戦争の放棄

第9条　戦争の放棄、戦力と交戦権の否認

Ⅰ　日本国民は、武力で押さえつけて実現する国際平和ではなく、道徳的な正しさとルールの尊重によって実現する国際平和を心から願い求めるので、戦争そのもの、武力に訴《うった》えて自国の主張を通すこと、そして武力を行使することは、国際紛争を解決する手段としては、国の方針として永久に放棄する。

Ⅱ　前項の目的を達成するために、戦力はもたない。戦争を行う国に認められるさまざまな権利はこれを認めない。

【解説】平和三原則とは何か

9条は、〈戦争の放棄〉〈戦力の不保持〉〈交戦権の否認〉という平和三原則を定めます。そして平和的生存権とともに積極的非暴力平和主義の立場を宣言します。すなわち、国民を恐怖に陥《おとしい》れる「軍事力を通じた平和主義」ではなく、国際貢献などの非暴力に訴えて他国から信頼され、「攻められない国をつくる平和主義」です。

Ⅰ項の「戦争」とは戦闘行為です。国際法上の「戦争」は、戦争宣言または最後通牒《つうちょう》で開始されます。ですから原文は、戦争だけでなく、「武力」に訴え、行使することも放棄します。政府解釈は、本項が「国際紛争を解決する手段」としての戦争を放棄したとしますが、およそ戦争は紛争解決のために行われるので、すべての戦争を放棄したものというべきです。Ⅱ項は、陸軍、海軍、空軍を始めとした戦力をもたないことを宣言しています。Ⅰ項で戦争を放棄しても、戦力をもてば、「国を守るため」とか「国際貢献」の美名の下に戦争を始めるでしょう。そこで、「前項の目的を達成するため」、つまり平和主義というⅠ項全体の目的を達するために戦力をもたないことにしたのです。これに対して政府は、自衛隊は「戦力」にいたらない必要最小限度の「実力」と考えて合憲とします。なお、交戦権とは、具体的には敵国兵を殺傷したり、軍事征服し破壊したりすることをさします。

第3章　国民の権利および義務

第10条　国民の要件《ようけん》

日本国民を誰にするかは、法律で定める。

【解説】「日本国民」になるには？

第3章は人権保障を定めるパートです。

人権は、生まれつき誰もがもつものであり、その範囲を国会が作る法律で決めることはできません。ですから、本条が定める「日本国民」とは、この憲法が保障する人権をもつ人という意味ではなく、国家の構成要素としての国民の範囲、つまり国籍保持者を法律で定める意味です。

第11条　基本的人権の性質

国民は誰でも、すべての人権をもっている。このような人権は、公権力《こうけんりょく》によって侵《おか》されてはならないものであるし、人間として生まれた人、またこれから生まれてくる将来のすべての人に与えられる永久のものである。

【解説】誰でも当然に人権をもつ

本条は、基本的人権の性質を定めています。人権は国や天皇から恩恵《おんけい》として与えられたものではなく、人間である、というただそれだけで当然に保障されるものです（人権の固有性）。

また、人であれば人種や性別を問わず誰でももつものです（人権の普遍性）。ですから、本条の原文では、人権を生まれながらもつ（「享有《きょうゆう》する」）主体を「国民」としていますが、外国人も性質上可能な限り、憲法上の人権が保障されます。

固有性、普遍性と並んで、人権にはもう一つ、不可侵《ふかしん》性という性質があります。「公権力によって侵されないものとして保障される」という意味です。本条の原文が「侵すことのできない……権利」としているのはそれを示しています。ですから、私人同士が「そういう言い方はやめろ」と争うことは、ただちに憲法の保障する表現の自由の侵害になるわけではありません。

第12条　**人権をもつことの責任と濫用《らんよう》禁止**

国民は、絶えまぬ努力によって人権を守っていかなければならない。また、人権を行使《こうし》するときには、自分勝手な利己主義に陥らず、他人に迷惑をかけないように、公共の福祉のために使わなければならない。

【解説】人権は努力によって守られてきた

人権はあたりまえのように保障されてきたわけではありません。先住民への人権侵害や黒人差別の歴史をもつアメリカ、植民地を虐《しいた》げてきたイギリス、人権宣言に女性を想定しなかったフランスのように、歴史上、人権は保障される「べき」願望にすぎず、積極的に主張しなければなくなりかねないものです。私たちは、人権という先人の遺産の上に眠ることなく、それを主張する責任があるとするのが本条の前段です。

後段は、人権が絶対無制約なものではなく、ほかの人の人権と衝突する場合などには制約を受けるものとします。たとえば、表現の自由が保障されるとしても、ほかの人のプライバシーを暴《あば》いていいことにはならないのです。原文では「常に公共の福祉のためにこれを利用する」とあるので、一見すると公共の福祉が人権に優先するように読めます。ですが、「公共」（public）とは people と同じ語源をもつ言葉であり、そういう「人々の人権」のもとに制約される場合があるという意味です。

第13条　個人の尊重・幸福追求権・公共の福祉

すべての国民は、個人として尊重される。

また生命、自由および幸福追求に対する国民の権利は、公共の福祉に反しない限り、国政の上で最大に尊重される。

【解説】個人の尊重は近代憲法の究極の価値

個人の尊重を宣言するのが、13条の前段です。これは近代憲法の究極の価値です。もっとも、他人を犠牲にしても自分の利益を守ろうとする利己主義とは区別されます。また、全体のために個人を犠牲にしてもいいという全体主義とも異なります。すべての人間を主体的な個人として平等に尊重し、ひとりひとりのその人らしさを尊重することが、個人の尊重です。

後段には二つのことが定められています。一つめは、「生命、自由及《およ》び幸福追求に対する国民の権利」（幸福追求権）を人権として保障することです。憲法の条文に明示されていない肖像《しょうぞう》権やプライバシー権は、新しい人権として幸福追求権の一つとして保障されます。自分の容姿を勝手に撮られたり、自分の情報が知らないうちに出回っていたのでは、自分の幸せを追い求めることはできないからです。

二つめは、人権が公共の福祉による制約をうけること、最大に尊重されるべきことを定めます。原文では幸福追求権についてそう言っているように見えますが、人権一般についてそう定めるものです。内容的に12条の後段と同じことを定めたものです。

第14条　**法の下の平等**

Ⅰ　すべての国民は国から平等に扱われる。たとえば、人種、ものの考え方、性別、もって生まれた地位、出身地や家柄の違いによって、国とのあらゆる関係で差別を受けない。

Ⅱ　華族《かぞく》のような貴族制度は、認めない。

Ⅲ　名誉を表彰されたり勲章をもらうなどして国から称《たた》えられても、その国民が特別扱いされることはない。栄典は、受けたその人の一代限りのものであり、その人の子どもや孫に引き継がれない。

【解説】自由と並ぶ「平等」の原理

本条で最も重要なのは、「すべて国民は、法の下に平等」とするⅠ項前段です。それ以外は、Ⅰ項前段の具体化です。

自由と並んで平等は、近代憲法の基本原理の一つです。この平等は、事実上の差異に応じて別扱いを認める相対的平等の意味であり、同じものは同じに、違うものは違って扱ってもよいということです。

Ⅰ項後段は前段を具体的に例示しています。「信条」とは、宗教、思想、政治に関するものの考え方、「社会的身分」とはもって生まれた地位、「門地《もんち》」とは出身地や家柄など生まれ育った境遇です。「差別されない」とは、平等だということです。

Ⅱ項については、戦前の華族は、生まれながらに貴族院議員になる特権をもつなど、特別扱いをうけました。そのような貴族制度を排して平等を実現する趣旨です。

Ⅲ項は、栄誉（名誉を表彰されること）や勲章などで国からほめられても（原文の「栄《えい》典《てん》」）、それで税金を安くしてもらうなどの特別扱いは受けないこと、そのような栄典は、その人限りで世襲されないことを定めます。

第15条　**公務員の任免、公務員の本質、選挙の原則**

Ⅰ　公務員を選んだり、辞めさせたりすることは、国民だけの権利である。

Ⅱ　すべての公務員は、全体の奉仕者であって、一部の人のためにその地位を利用してはならない。

Ⅲ　国会議員など公務員の選挙は、成年者による普通選挙によって行う。

Ⅳ　すべての選挙は誰に投票したかが知られないように行なわれなければならない。投票先によって、国から処罰されるなどの公的責任や、損害賠償《ばいしょう》などの私的責任を問われることはない。

【解説】**公務員を選ぶのは誰か**

Ⅰ項は、公務員を選んだり、辞めさせる権利が国民にあることを宣言します。

もちろん、国民が選挙で直接に選べるのは、国会議員や自治体の長などの一部にとどまります。ただ、そうして選挙で選んだ国会議員が国会のメンバーになり、その国会が内閣を信任《しんにん》し、内閣が行政を統括し、行政が個々の公務員を選ぶので、個々の公務員の地位も、最終的には国民の意思に由来するのです。また最高裁判所の裁判官も内閣が選ぶので同様です。最終的に国民が選ぶ、というのが本項の趣旨です。

このように公務員の地位は国民の意思に由来するので、仕事をするときにも、天皇のような一部のためではなく、国民全体の奉仕者として仕事をしなければならないとするのがⅡ項です。

Ⅲ項・Ⅳ項は、普通選挙と秘密選挙の原則を定めます。原文にある「普通選挙」とは、すべての人に選挙権を認め、財力、教育、性別などによって選挙権の有無を別扱いしない制度です。「秘密選挙」とは、選挙権者が誰に投票したかをほかの人に知られないようにして、自由な意思で投票できるようにする制度です。

第16条　請願権《せいがん》

誰でも、国や自治体に対して、その関係する部署に、暴力や威嚇《いかく》によらないで平穏に自分の希望を求める権利があり、このような請願をしたからといって、国から差別を受けない。たとえば、国や自治体の活動によって受けた損害の救済を求めたり、ある公務員を辞めさせるように求めたり、法律などのルールを作ったり廃止したりすることを求めることができる。

【解説】国や自治体への希望・苦情・要請《ようせい》

本条は、平穏に請願する権利を保障します。原文の前半で「損害の救済……の事項に関し」の部分は例示なので、「翻訳」では、別の文章として後半に置いています。

請願とは、国や自治体の関係部署に希望、苦情、要請を述べることです。普通は選挙で意思表明すればよいことですが、選挙以外でも、この請願権を通じて自分の意思を国政などに反映させることができるのです。

請願を受けた担当者は、これを受理し、誠実に処理する義務を負いますが、回答をすることまでは義務づけられていません。もちろん、その希望を叶《かな》える義務もありません。ただ、民間企業が顧客満足度を重視するように、民主主義下の公権力は、請願された国民の声には十分に耳を傾ける必要があるでしょう。

第17条　国や自治体の賠償責任

すべての人は、公務員によって違法に損害を加えられたときには、法律に基づいて、国や自治体に損害賠償を請求できる。

【解説】公務員の責任は国や自治体が肩代わりする

諸外国と同じように、日本でも戦前は、公務員が違法に国民を傷つけても、国が責任を負うことはありませんでした（国家無答責《むとうせき》の原則）。しかしそれでは被害者の救済が不十分になるので、国や自治体自身が賠償責任を負うことにしたのが本条です。具体的には国家賠償法という法律で救済されます。

第18条　**奴隷的拘束《こうそく》と苦役《くえき》からの自由**

すべての人は、奴隷のように身体を拘束されることはない。

また、犯罪者として処罰される場合以外は、自分の意思に反して強制的に働かされることはない。

【解説】人の身体は自由である

個人を尊重するためには、身体を不当に拘束してはなりません。

そこでまず本条は、原文のいう「奴隷的拘束」、すなわち自由な人格者とはいえないような身体の拘束を禁止します。たとえば、奴隷はもちろん、人身売買で拘束したり、戦前の鉱山労働者にみられた監獄部屋に拘束することは禁じられます。

つぎに本条は、犯罪者として処罰される以外は、自分の意思に反して強制労働させられることがないことを保障します。原文に「苦役」と言っていますが、「苦」という字に深い意味はなく、「労働」と同じ意味です。意に反した労働は、たとえ楽な仕事でも「苦役」なのです。

奴隷的拘束は、例外のない絶対禁止ですが、意に反する苦役を受けない自由は、公共の福祉に基づく制約を受けます。たとえば、緊急災害時に国が国民に協力を要請することなどです。徴兵制《ちょうへい》（国が国民に兵役義務を課す制度）が、本条の「意に反する苦役」にあたるかどうかも問題です。しかし、戦力を持たない平和主義の日本国憲法の下では、兵役義務を課すること自体が、意思に反する強制労働といえるので、違憲と解されています。

第19条　**思想および良心の自由**

心の中でどのような世界観、人生観、主義、主張をもとうとも、国がそれを禁止したり、不利益を課すことはもちろん、どういう思想をもっているかをたずねることもできない。

【解説】人の心に立ち入ることはできない

原文は、「思想及び良心の自由は、これを侵《おか》してはならない」とするだけですが、そこには「翻訳」に示した内容が保障されています。

個人として尊重され、自分らしく生きるには、精神の内面に干渉されないことが必要です。ところが、戦前の日本では、特定の思想を反国家的なものとして弾圧することも少なくありませんでした。そこで、国が人の内面に干渉しないことをあえて保障したのです。国に対する、この保障は絶対無制約です。いかなる思想でも、それが内心に留《とど》まる限り、他者との衝突は起きないからです（12条解説参照）。

本条は、国が特定の思想を強制することはもちろん、特定の思想をもつことを理由に不利益を課すること（たとえば著作物の出版禁止）も禁止します。

さらに、愛国心をもっているか、日の丸・君が代についてどう感じるか、天皇制を支持するかなどを国がアンケート調査すること（露顕《ろけん》）も禁じられます。思想に干渉しないようにするには、思想の沈黙も保障されるべきだからです（沈黙の自由）。

ちなみに、思想などが言動として表現されれば他者との衝突が起きるので、表現の自由の問題として絶対無制約ではないことに注意が必要です。

第20条　信教の自由

Ⅰ　すべての人は信教の自由をもっている。そのため、宗教を信仰するかしないか、するとして何教を信仰するか、どこに改宗するかということについて、国から干渉されない。
いかなる宗教団体でも、一般国民が受けないような特別扱いを国や自治体から受けてはならず、また国や自治体にしかできない政治上の権力を行使することはできない。

Ⅱ　すべての人は、礼拝や祈《いの》りのような宗教上の行為に、強制的に参加させられることはない。

Ⅲ　国や自治体とその機関は、宗教を信じさせるための教育を行うことを含め、宗教的活動を行ってはならない。

【解説】国は信教に立ち入れないし、関われない

本条は、「信教の自由」という人権（Ⅰ前段、Ⅱ）と「政教分離《せいきょうぶんり》の原則」という制度（Ⅰ項後段、Ⅲ項）を保障しています。後者は、国が宗教と結びついて他の宗教が弾圧されてきた歴史に鑑《かんが》み、両者を切り離すことにしたのです

Ⅰ項前段の信教の自由は、具体的には、「翻訳」に示す内容を保障しています。後段の政教分離では、たとえば神社を公法人《こうほうじん》として優遇したり、神社の職員を公務員とするなどの特別扱いが禁止されます。また「政治上の権力」とは、憲法が国会、内閣、裁判所の権能と定めている権力をさします。

Ⅱ項で、「祝典《しゅくてん》」とはクリスマスなどの宗教上の祝祭、「儀式《ぎしき》」は結婚式や葬式など宗教的意味をもった式典、「行事《ぎょうじ》」とは特定の時期に定例的に行われる宗教的な催しです。このような宗教上の行為を強制されないことが保障されています。

Ⅲ項で、原文に「宗教的活動」とあるのは、特定の宗教を推奨したり逆に押えつけたりするような活動という意味です。また、国とともに宗教的活動が禁止される「その機関」とは、たとえば国立大学や市立病院など、国や地方公共団体によって運営・管理されている場所をさします。そういうところで宗教の宣伝や批判をやってはダメだということです。

第21条　集会・結社・表現の自由、通信の秘密

Ⅰ　人を集めて集会を開くこと、同志が団体を作ることを含め、情報の発信、受領、収集は表現の自由として保障する。

Ⅱ　表現に先立ち、行政権がその思想内容を審査し、不適当ならば発表を禁止にする検閲《けんえつ》は、これをしてはならない。手紙・電話・インターネットなどのあらゆる通信について、国が勝手にその内容を調べてはならない。

【解説】国は情報の流通を妨げてはならない

集会、結社、言論、出版は例示であり、本条は「情報」の「流通」に国が干渉しないことを定めます。「情報」とは、思想・意見・事実・感情など一切の精神活動です。政治的なものから営利的なもの、芸術的なものまで一切が含まれます。「流通」とは、情報を伝えること、受けとること（知る権利）、集めること（取材の自由）です。内心を他者に伝えたとき、人は一人の人間として幸せを感じます。また、各人が社会との間で情報をやりとりすることは、民主主義の生命線です。そのために表現の自由は保障されます。

その核心は、「既存の秩序や権力に異を唱《とな》える自由」を認めることです。ところが戦前は、権力に異を唱えた出版物が発売禁止にされることもありました。このような思想統制は、特に検閲により行われました。検閲は、思想発表に先立って行われるものなので、誰にも意見が届かない点、また正しい思想かどうかを国が判断する点で、重大な制約といえます。そこで、表現の自由の保障にあわせて、Ⅱ項で検閲の禁止を明記しました。さらにⅡ後段は通信の秘密を保障します。表現の自由は、情報の流通を保障するものですから、人間のコミュニケーション過程を支える一つである通信について、その秘密を侵さないようにする趣旨です。

第22条　移動と職業選択の自由、外国移住と国籍離脱の自由

Ⅰ　すべての人は、公共の福祉に反しない限り、どこを住所にするのも、どこに引っ越したり移動するのも、どういう仕事に就くのも自由である。

Ⅱ　外国に引っ越したり移動すること、日本国籍を離れることも自由である。

【解説】引っ越しや仕事選びは自由

人を土地に結びつけた封建《ほうけん》制を否定し、移動の自由を認めることによってはじめて、自由な経済活動ができるようになります。

本条はまずその移動の自由を保障します。Ⅰ項では国内の、Ⅱ項では国外への移動の自由を定めます。つぎに本条は、経済活動の自由として職業選択の自由を保障します（Ⅰ項）。もちろん、仕事選びが自由だといっても、公共の福祉によって制限されます。

たとえば有害な薬を売る仕事は、服用した人が病気になるので禁止されます。また、小さな商店街があるところに大規模スーパーが店を出すのも、弱者を保護するために禁止されることがあります。これらはどちらも公共の福祉による規制ですが、前者は人の生命・健康を守る目的（警察目的）、後者は社会的・経済的な弱者を保護する目的（政策目的）で行われる規制です。

本条の原文で、12条や13条とは別に「公共の福祉に反しない限り」とするのは、経済的自由権が社会的・経済的な弱者の保護を目的として大幅に規制されうることを認める趣旨です。これを「社会国家的公共の福祉」といいます。

第23条　学問の自由

何が真理かについて、それを研究すること、研究したことを発表すること、研究したことを学生に教えることについて、国から干渉を受けることはない。

【解説】真理の探求は妨げられない

学問は、本当のことが何かを究《きわ》めること、言い換えれば真理を探究することです。本当のことであるだけに、時の権力に都合の悪い事実が含まれることも少なくありません。そのため明治憲法下ではしばしば、学問の自由が国から侵害されました。

たとえば、1935年の天皇機関説《きかんせつ》事件（天皇を国家の機関であるとする学説）では、その主唱者である美濃部《みのべ》達吉《たつきち》が、著書の発売禁止と、あらゆる公職からの追放を受けました。日本国憲法は、このような歴史に鑑みて、学問の自由の保障を明記しました。

原文は「学問の自由は、これを保障する」というシンプルなものですが、内容は「翻訳」にある三つが含まれます。そのほか、大学がその運営について国から干渉をうけないこと（大学の自治）もここに含まれます。たとえば、教授の人事に国が干渉すると、国に都合の悪い学説を唱える学者が追放されて真理の探求が進まなくなるので、そうならないように大学の自治が保障されるのです。

第24条　家族生活における個人の尊重と両性の平等

Ⅰ　婚姻《こんいん》は、男女の合意だけですることができ、婚姻後は夫婦の権利が同等であることを基本に、お互い協力して夫婦生活を維持していかなければならない。

Ⅱ　配偶者を誰にするか、家庭内の財産を誰のものとするか、誰が何を相続するか、住居をどこにするか、どうすれば離婚できるか、その他の家族関係を定める法律は、個人の尊重と法の下の平等に従わなければならない。

【解説】結婚は男女の同意だけで良い

本条は、戦前の「家《いえ》」の制度を否定し、個人の尊重と両性の本質的な平等を家族生活に及ぼすためのものです。Ⅰ項がその理念を宣言し、Ⅱ項がそれを具体的に定めています。

戦前の民法では、婚姻に戸主《こしゅ》の同意が必要でした。妻は無能力者とされ、財産の管理、親権《しんけん》（未成年の子に対してもっている権利）の行使、住居の決定もすべて夫だけの権限でした。本条は、家制度を否定し、婚姻を本人たちの合意だけでできることとして個人の尊重を実現し、また夫婦がもつ権利も対等なものとして両性の平等を宣言しています。

Ⅰ項の原文で「夫婦が同等の権利を有する」とは、国が法律を定めるときに、夫婦を同等にことを求める意味であり、お互いに対して同等の権利をもつということではありません。また「相互の協力により、維持」するとは、たとえば「男は外で働き、女は家事」のような伝統的な役割分担を国が強制しないという意味です。あくまで憲法は、伝統的夫婦像か、同等か、働く妻を支える主夫かについて夫婦の話しあいに任せているのです。

Ⅱ項は、Ⅰ項の理念を具体的に定めたものです。戦前の民法は、次男よりも長男が、女よりも男が有利でした。戦後の民法改正によって、本条の趣旨に即し、男女や兄弟で序列をつけるそのような仕組みが一切廃止されました。

第25条　**生存権と社会保障**

Ⅰ　すべての国民は、健康で文化的な最低限度の生活を国に要求できる。

Ⅱ　国は、国民生活のあらゆる面に関して、社会福祉、社会保障、公衆衛生の向上に努力しなければならない。

【解説】生存権と福祉国家の理念

Ⅰ項は、生存権を保障し、かつ福祉国家の理念を宣言しています。自由競争から貧富の差が拡大し、貧《まず》しい者の生存すら危《あや》ぶまれた近代末期の社会を反省し、社会的・経済的な弱者を国が積極的に保護して実質的平等を実現する理念が福祉国家理念です。

さて、生存権は、条文に「権利」とあるのに、従来の政府や裁判所は、それを国の努力義務にすぎないと考えているので、生存権の侵害を裁判所に訴えても救済されません。たとえば生活保護の受給額が引き下げられても、憲法違反にはならないのです（プログラム規定説）。しかし原文に「権利」とあるのですから、人間に値する生活ができないレベルにまで受給額を減らす国の行為は違憲であり無効というべきです（法的権利説）。

Ⅱ項は、Ⅰ項の生存権を実現するために国がすべき努力義務を定めます。「社会福祉」はハンディを負った人に必要なケアを行うこと、「社会保障」は健康保険などを整備して国民が生きていけるようにすること、「公衆衛生」は国民の健康を向上させることです。社会福祉立法として、生活保護法、社会福祉法、母体保護法などが、社会保障関係では、健康保険法、厚生年金保険法などが、また公衆衛生の分野では、感染症法、食品衛生法、予防接種法などが定められています。

第26条　**教育を受ける権利と義務**

Ⅰ　国民は誰でも、国が法律を定めて作った仕組みを利用し、それぞれの能力に合わせて、平等に教育を受ける権利をもつ。

Ⅱ　すべての親は、国が法律を定めて作った仕組みを利用し、その子に普通教育を受けさせる義務を負う。義務教育では授業料を取らない。

【解説】誰にでも教育を受ける権利がある

Ⅰ項は教育を受ける権利を定めます。一人の人間として成長し、自己の人格を完成させるためには、教育を受けることが不可欠です。そこで本項は、子どもから大人まで国民のすべてに教育を受ける権利を保障し、そのために国は必要な仕組みを法律で定めることにしています。具体的には、教育基本法を中心に、学校教育法、社会教育や図書館サービスに関する社会教育法が定められています。教育面でも差別は禁止されます（原文「ひとしく」）。ただ受ける教育の性質に応じて選抜入試を行うなどは許されます（「能力に応じて」）。教育の性質と無関係の差別が許されないのです。

Ⅱ項は、子どもの教育を受ける権利に対応した、国と親の義務を定めます。子どもは自分一人では学習ができません。そこで、国に、子どもを教育する仕組みや学校を作らせ（「法律の定めるところにより」）、親に、子をそこに通わせる義務を課します（「その保護する子女に……負《お》ふ」）。原文にある「普通教育」とは、大学などの専門教育ではなく、普通の国民にとって必要とされる教育です。後段は義務教育を「無償《むしょう》」とするもので、これは授業料をとらないという意味です。さらに貧困による差別を排除するために、無償措置法という法律で教科書代も無料としています。

第27条　勤労《きんろう》の権利と義務、勤労条件など

Ⅰ　国民は誰でも、生計《せいけい》を立てるために職に就く権利があり、職に就けない場合に備《そな》えて雇用保険など働くための環境整備を国に求めることができる。勤労は義務でもあるので、働かない者は保護されない。

Ⅱ　働いてもらうお金、働く時間、休憩時間など、働く条件の最低基準は法律で定める。

Ⅲ　児童を酷使《こくし》してはならない。

【解説】働くための環境整備

Ⅰ項の前段は勤労の権利を定めます。生計を立てるのに必要なお金は、働いて稼ぐのが原則です。しかし、仕事が見つからない人を飢《う》え死《じ》にさせるのは福祉国家の理念（25条Ⅰ項）に反します。そこで、仕事が見つからない人に失業手当てを与えたり、仕事を紹介したりするのが「勤労の権利」です。職業安定法では、職業安定所で職を紹介したり、雇用保険法では、失業等給付制度を設けています。Ⅰ項後段の原文で「義務を負ふ」というのは、労働を強制する意味ではなく、働けるのに働かない人を保護しない（働かざる者は食うべからず）という意味です。

Ⅱ項は、働く条件の最低基準を法律で規制する意味です。その法律として、労働基準法が定められています。賃金、就業時間、休憩時間などの労働条件を労使《ろうし》（労働者と使用者）の話しあいだけで決めていた時代には、長時間低賃金の過酷な労働契約が交わされました。福祉国家の理念にたつ憲法は、そうならないように働く最低条件を法規制したのです。

Ⅲ項は、子どもを働かせて食いものにしないことを目的とする定めです。「酷使」とあるのでいたわりながらならよさそうですが、働かせること自体が「酷使」です。労働基準法は、義務教育の期間に児童・生徒が働くことを原則として禁止しています。

第28条　労働三権

勤労者は、団結《だんけつ》権、団体交渉《こうしょう》権、争議《そうぎ》権の労働三権をもつ。

【解説】サラリーマンたちの三つの権利

本条は、勤労者に労働三権を保障しています。労使関係を使用者と個々の労働者の話し合いで決めると、弱者である労働者に不利な条件で契約を結びがちです。そこで、弱い立場にある労働者に、使用者と対等の交渉力を与える目的で「労働基本権（労働三権）」を認めるのが本条の趣旨です。ですからこれらの権利は自営業者には保障されず、公務員を含め雇われて働いて生活する人（労働者）だけに認められています。

「団結権」とは労働組合を作る権利のことであり、数の力で使用者と対等な地位に立てるようにするのが目的です。「団体交渉権」とは、団結した労働組合が使用者と労働条件について交渉する権利です。原文には明示されていませんが、「その他の団体行動をする権利」として「争議権」が保障されています。業務が正常に運営できなくなるようにして、労働組合の主張を使用者に認めさせる武器です。スト（ストライキ）がその典型です。「権利」ですから、それによる操業停止は業務妨害罪にならず、またそれにより工場の生産が止まって企業が損をしても賠償責任は負いません（刑事免責《めんせき》と民事免責）。

さらに、本条は社会権として、国に労働者の地位を向上させる仕組みを作る義務を課します。労働委員会が労使紛争の解決を図《はか》るサービスはその例です。

第29条　財産権の保障

Ⅰ　国は、財産権を侵してはならない。

Ⅱ　財産権は、公共の福祉による制限を受ける。

Ⅲ　国は、私人の財産を公共のために強制的に使うことができるが、その際にはお金を払うなどの正当な補償が必要である。

【解説】「神聖不可侵の権利」から「義務を伴う権利」へ

Ⅰ項は、持ち主としての所有権、給料をもらう債権、著作権などの無体財産権等、一切の財産的権利を保障します。自分の物を持ちたいという人間の本能的欲求からも、また各人が生計を維持するためにも、財産権は欠かせません。そのため古くから「神聖不可侵の権利」（1789年フランス人権宣言）とも言われていました。

Ⅱ項は、公共の福祉による制限を定めます。財産権が神聖不可侵とされた結果、経済発展のかげで、貧富の差が拡大しました。そこで、持たざる者の財産権を保護するため、持てる者の財産権を大きく制限することに国が積極的に介入するようになりました（社会国家思想）。本項の「公共の福祉」は、そのような社会国家的公共の福祉です。

財産権は、公共の福祉による制限のほか、公共のために強制的に使うこともできます（Ⅲ項）。たとえば道路の幅《はば》を広げたり、ダムを作るために土地を強制取得するなどです。個人の特別の犠牲により社会が便利になる関係なので、財産を失った人に対してはその分のお金を支払うなどの正当な補償が必要です。

第30条　納税《のうぜい》の義務

国民は、法律で定められた税金を払《はら》う義務を負う。

【解説】「納税」は国民の三大義務の一つ

「教育を受けさせる義務」「勤労の義務」とともに憲法の三大義務の一つが「納税の義務」です。国民は、自分たちの権利を守るための組織として国を作ったのだから、国を運営する費用も国民が負担すべきだ、とするものです。

原文には「国民は」とありますが、税金でその権利が守られる限り、外国人でも納税の義務を負います。誰からいくらの税金を取るかは法律で定めなければなりません（租税《そぜい》法律主義。84条）。国民が納税者としての意識を強くもつことは、自分の払った税金の使い道について関心をもつことにつながるので、それは同時に主権者意識を高めることにもなります。

第31条　**法定手続きの保障**

すべての人は、法律で定める手続きによらなければ、生命や自由を奪われるような刑罰を科《か》せられることはない。

【解説】まちがって処罰しないように

死刑や懲役《ちょうえき》刑などの刑罰は、人権にとって脅威です。ですから、国がいいかげん（恣意《しい》的）な判断をしないように、被疑者の逮捕から裁判を経て、刑が執行されるまでの手続きを法律で定めておくことを求めています。原文の「法律の定める手続」として刑事訴訟法が定められ、誤った処罰を避けながら、真実を発見するためのさまざまな工夫が盛り込まれています。

ただ、原文からは読み取れませんが、本条は以下のことも定めています。

まず、刑事手続きを法律で定めさえすればよいのではなく、その手続きの内容も適正なものでなければなりません。「適正」といえるためには、たとえば被告人に「何が疑われているか」を知らせ、反論の機会を十分に与えること（告知・弁解・防御の機会の保障）が必要です。

つぎに、「犯罪と刑罰はあらかじめ法律で定めなければならない」という罪刑法定主義も、本条が要請するところです。さらに、本条は刑事手続きを規制するものですが、公権力をいい加減に行使させてはならないことは、税務調査などの行政手続きにも可能な限り及ぼすべきと解されています。

第32条　裁判を受ける権利

すべての人は、裁判所で裁判を受ける権利をもつ。

【解説】**裁判所は裁判を拒めない**

裁判所による「裁判の拒否」を禁止することを、人権として保障したものです。

裁判を受ける権利が保障されなければ、個人の権利は救済されず、人権侵害が放置されます。その意味で、裁判を受ける権利は人権保障を確実にするための重要な権利です。

ですから、たとえば原子力発電所の安全性を争う行政訴訟を起こすときに、裁判所に審査してもらうのに必要な条件を厳しくしすぎて、住民の訴えが安易に門前払いされるようなことは許されません。

第33条　逮捕の要件

すべての人は、現行犯で逮捕される場合を除いて、令状《れいじょう》がなければ逮捕されない。その令状は、裁判所が発行したものであること、逮捕の理由が明示されていることが必要である。

【解説】令状なしに逮捕はできない

本条は、現行犯を除き、令状なくして逮捕されないとして「身体の自由を保障すること」「令状は裁判所が発し、理由が書かれるべきこと」を定めています。原文は一つの文ですが、「翻訳」では二つの文に分けています。

逮捕は、ある特定の犯罪を行ったことが疑われている人の身体を拘束することです。ただ、本当に疑われて当然といえるかどうかを誰かがあらかじめチェックしないと、警察などの捜査機関が逮捕権を濫用《らんよう》し、誤った人を逮捕するおそれがあります。そこで、中立な第三者である裁判所の事前チェックを求めるのが令状主義です。ですから、原文の「権限を有《ゆう》する司法官憲《かんけん》」とは、中立の第三者である裁判所の裁判官という意味です。逆に現行犯は、そこで犯罪を行っているか、行い終わったばかりですから疑われて当然で、逮捕権が濫用されるおそれは低いため、令状は必要ありません。

逮捕令状は、「理由となっている犯罪を明示」するものでなければなりません。具体的には、疑われている犯罪名（たとえば「刑法235条の窃盗《せっとう》罪」）と疑われている犯罪事実（「3月4日5時頃、○○付近で青い自転車を盗んだ」など）が書かれている必要があります。

第34条　抑留《よくりゅう》・拘禁《こうきん》からの自由

すべての人は、自分がしたと疑われている事実をただちに告《つ》げられ、かつ、ただちに弁護人をつける機会を与えられなければ、身体を拘束されない。

また、すべての人は、自分がしたと疑われている事実がなければ、長期にわたって身体を拘束されず、本人や配偶者、弁護人などの請求があれば、拘束の理由を本人と弁護人が出席する公開の法廷で示されなければならない。

【解説】理由なく身体を拘束できない

本条は、抑留・拘禁からの自由を保障します。

原文にある「抑留」は、一時的な身体の拘束です。逮捕（2、3日）がその例です。「拘禁」とはより長時間の身体拘束であり、逮捕に次ぐ勾留《こうりゅう》（10日～20日）がその例です。

本条前段は、「抑留又《また》は拘禁」、すなわち身体を拘束するなら、拘束時間の長短を問わず、自分が疑われている事実（原文でいう「理由」）をすぐに知らされ、弁護人に弁護をたのむことが必要とします。何が疑われているかを教えてもらえれば、「それは間違ってます」と弁解し、自分の権利を守る（「防禦《ぼうぎょ》」する）ことができるのです。また法律専門家である弁護人の助けを借りれば、より十分に防禦できるようになります。

本条の後段は、「拘禁」する際に、「正当な理由」が必要なことはもちろん、拘禁が長期にわたるものであることを考慮し、理由を知らせる場を裁判所の公開法廷とすることを求めます。そうすれば、抑留時に知らされた理由がおかしいときに、すぐに裁判で争うことができ、おかしいことが裁判ではっきりすれば、すぐに釈放させる趣旨です。

第35条　住居のプライバシーの保障

Ⅰ　すべての人は、生活をしている場所に国から勝手に立ち入られたり、その場所にある書類などやポケットにある持ち物の捜索《そうさく》を受けたり、物を持ち去られない権利をもつ。
国がそのような捜査をするには、犯罪を疑わせる理由に基づいて裁判所が発行した令状が必要である。その令状には、捜索する場所や押収《おうしゅう》する物がはっきりと書かれている必要がある。ただ、逮捕する際には、別に捜索令状や押収令状がなくても、捜索や押収ができる。

Ⅱ　捜索または押収は、裁判官が発する別々の令状によって行う。

【解説】住居のプライバシーは保護される

Ⅰ項は、住居などのプライバシー保護、捜索・押収をする際の令状主義、令状に書くべきこと、および令状主義の例外を定めています。「翻訳」では四つに分けています。

個人の住居はそれがどんなあばら屋でも、権力に侵されない私的領域として古くから保護されてきました。そのような住居のプライバシーを保護するのが第一のポイントです。

第二に、警察が住居に侵入し、見つけた書類や所持品などを押収するには裁判所が発する令状が必要です。犯罪を疑わせる理由（原文の「正当な理由」）が本当にあるかどうかを、公正中立な裁判所があらかじめチェックするのです（これを「令状主義」といいます）。

第三に、令状には、捜索する場所や押収する物がはっきり限定して書かれてあることが求められます。場所や物を限定しない一般令状では、「何か他にいい証拠はないか」とあちこちに手を広げる証拠漁《あさ》りによって、プライバシー権が無限に侵害されるからです。

第四に、被疑者を逮捕するときは、逮捕状とは別に捜索令状や押収令状がなくとも捜索・押収ができます。逮捕された人の周りには、逮捕理由の罪に関する証拠が多いからです。

Ⅱ項は、捜索令状で押収まで行ったり、押収令状で捜索を行うことはできず、捜索や押収はそれぞれ個別の令状が必要であるということです。

第36条　拷問《ごうもん》と残虐《ざんぎやく》刑の禁止

公務員が、被疑者・被告人に自白《じはく》させるために暴行を加えることや残虐な刑罰を科することは、絶対に禁じる。

【解説】いかなる拷問も許されない

「拷問」とは、言うことをきかせるために精神や肉体に苦痛を与える意味です。が、ここでは特に「自白させるための拷問」が想定されています。

このような意味での拷問は明治憲法でも罪とされ、禁止されていました。しかし実際には、思想警察（国家に批判的な思想を取り締まることを任務とする警察）によってしばしば行われていました。そういう「暗黒の歴史」を忘れないように、残虐な刑罰を含めて禁じたのが本条です。原文に「絶対に」とあるのは、公共の福祉を理由としても拷問はできないという意味です。

「残虐な刑罰」とは、不必要な精神的・肉体的苦痛を加える非人道的な刑罰です。死刑が残虐な刑罰かどうかは問題です。最高裁判所は、死刑を行う方法として、火あぶり・はりつけ・さらし首・釜《かま》ゆでが行われるならば残虐な刑罰だが、死刑そのものがそうとはいえないとしています。しかし、死刑そのものが人間としての存在を否定するものであり、個人の尊重を全否定する点で残虐ですから、違憲であるというべきでしょう。

第37条　刑事被告人の権利

Ⅰ　刑事被告人は、偏《かたよ》りがなく、不当に遅れることがない、その様子と判決が公開される裁判を受ける権利をもつ。

Ⅱ　刑事被告人は、その証言が証拠になるすべての証人に対して、反対尋問《じんもん》をする権利をもつ。また被告人は、国のお金を使って、自分に有利な証言をしてくれる証人を強制的に出廷《しゅってい》させる権利をもつ。

Ⅲ　被告人には必ず弁護人を付ける。被告人がお金をもっていなければ、国がお金を出して付ける。

【解説】刑事裁判の公正さのために

裁判の中でも刑事裁判は、人身の自由にかかわるため、公正さが厳しく問われます。そこで、刑事裁判の公正と被告人の保護を定めたのが本条です。犯罪をしたと疑われている人は、起訴される前は被疑者《ひぎしゃ》、起訴されると被告人と呼ばれます。

Ⅰ項は、裁判が「公平」「迅速《じんそく》」「公開」であることを求めます。公平とは、その組織が偏りのないように構成されることです。たとえば裁判官が被告人や被害者の親族であれば、裁判から外されます（除斥《じょせき》・忌避《きひ》）。公開は、誰でも傍聴できる状態で裁判が行われ、判決が示されることです。

Ⅱ項は、「翻訳」では二つに分けています。前段は、「被告人が証人に反対尋問を行う権利」の保障です（証人審問権《しんもんけん》）。反対尋問とは、証人が証言するときに被告人が立ち会い、証言がおかしければすかさずツッコミをいれることです。後段は、被告人が自分の無罪を主張するのに必要な証人を、国の費用で強制的に裁判所に呼び出す権利を保障します（証人喚問権《かんもんけん》）。

Ⅲ項は、刑事裁判の被告人に弁護人を付ける権利を保障します。被告人が法律に疎《うと》く、裁判のやり方が下手だったせいで有罪になってはいけません。そうならないように、弁護人を付けて無実の人が有罪になるのを防ぐためです。

第38条　自白の強要の禁止、自白の証拠能力

Ⅰ　すべての人は、自分が刑罰を受けるような事実を無理にしゃべらされることはない。

Ⅱ　自由な意思でなされたものではない自白は、裁判で証拠に使うことはできない。

Ⅲ　すべての人は、本人の自白しか証拠がなければ、有罪判決を受けない。

【解説】自白の強制は誤判の温床

身体を拘束した自白の強要を禁止し、そういう自白は証拠に使えないことにしました。

Ⅰ項は、自己負罪《ふざい》拒否権を保障します。罪を負うようなことをしゃべらされない権利です。そうでないとその人の人間性を否定することになりかねないし、人権を無視することになりやすいからです。これは、あくまで刑罰を科せられることによる不利益をいい、財産や名誉に対する不利益は含まれません。

Ⅱ項は、自由意思を否定されてなされた自白は、真実性が疑わしいし、自白の強要という捜査手法をなくすためにも、そういう自白を裁判で証拠に使えないことにしました。これを排除法則といいます。また「拷問」とは自白をとるために精神的・肉体的苦痛を与えること、「脅迫《きょうはく》」とは精神的強制(「拷問」と一部重複)をいいます。また「不当に長く抑留若《も》しくは拘禁された後の自白」も同様に強制的要素があるので、証拠として排除されます。

Ⅲ項は、自白しか証拠がないときにはその人を有罪にすることができないことにしています。単に「言ったこと」だけで処罰できるとすると、誤判の原因になるので、真実であることを補強する証拠を求めました。これを補強法則といいます。

第39条　遡及《そきゅう》処罰の禁止・二重危険の禁止

すべての人は、ある行為を行ったときにそれを処罰する法律がなければ、あとから法律を作っても処罰されない。すでに無罪判決が出た行為について、もう一度裁判にかけられることはない。

一つの犯罪について有罪判決が一度出れば、その行為を重ねて処罰することはできない。

【解説】裁判そのものが弾圧と化さないために

「翻訳」では、ポイントごとに文章を三つに分けています。

一つめ。ある行為を罰する法律がないのに、後から法律をつくって処罰できるならば、人は安心して自由に行動ができません。ですから犯罪と刑罰は、法律であらかじめ定めておく必要があります（罪刑法定主義）。言い換えれば、後から法律を定めても処罰できません。この「遡及処罰の禁止」を定めるのが第一です。原文に「刑事上の責任を問はれない」とは、処罰されないという意味です。

前段の二つめと後段は、「二重危険の禁止」を定めます。すでに無罪とされた行為も（前段二つめ）、すでに有罪とされた行為も（後段）、二重に「刑事上の責任を問われ」ることはありません。被告人になれば、社会的地位や名声を失い、不安と焦燥《しょうそう》に駆られ、経済的にも苦しい立場に置かれます。ですから、有罪にしろ無罪にしろ、刑事裁判を一度しのげば、同じ行為に二度以上は付き合わなくてよいことにして、刑事裁判が弾圧と化するのを防ぐのが目的です。二度以上、裁判の危険にさらさない、という意味で「二重危険の禁止」といいます。「刑事上の責任を問はれない」とは、単に処罰されないことでなく、刑事裁判の被告人にならないということなのです。

第40条　刑事補償

すべての人は、身体を拘束された後、無罪裁判を受けたときには、法律の定めに従って、拘束により迷惑を被《こうむ》ったぶんのお金を国に請求できる。

【解説】無実の罪は補償される

捜査機関であってもときに過《あやま》ちを犯します。真犯人と信じて逮捕し、起訴したら、実は無実だったために無罪判決が出ることもあります。

そのときに、身体を拘束された被告人は、捜査機関に故意《こい》、過失がなかったとしても、国に補償を求めることができます。これを「刑事補償」といいます。これを受けて刑事補償法という法律が定められています。原文の「補償」とは、拘束が適法であった場合を含めて救済することをいいます。「抑留」「拘禁」の意味は34条を参照してください。

また、原文では「無罪の裁判を受けた」ことが必要なので、逮捕・勾留された後に不起訴とされて釈放《しゃくほう》されたときは、本条ではなく少年補償法により救済を受けます。ただ少年鑑別所に収容された少年が非行事実なしとして釈放されたときに、補償を受けることはできません。

第4章
国会

第41条　国会の地位、立法権

国会は、国の権力の中で最も民意に近い重要な組織であり、国民の権利や義務に関するルールを定めることができる国の唯一の組織である。

【解説】国会は最高機関であり、唯一の立法機関である

本条はまず、国会が国権の最高機関であるとします。天皇主権を排除して国民主権に立つ憲法では、国民に直接に選ばれた議員からなる国会が、国の権力で最も重要な組織だという意味です。ただ、「最高機関」といっても、明治憲法下の統治権の総攬者のような意味ではありません。憲法は、法律を無効にする違憲審査権を裁判所に与え（81条）、衆議院議員の身分を奪う解散権を内閣に与え（69条）、三権の抑制と均衡《きんこう》を図っています。他の組織にあれこれと指図できる権限はどの組織にも認めていないのです。

国会は、国の唯一の立法機関でもあります。たとえば、消費税を何パーセントにするか、何を犯罪としてどう処罰するかということを定めたルールのように、国民の権利・義務に関わる法（「立法」）を作ることができるのは国会だけです。権利・義務に関わるルールは国民の関心が高いので、民意に一番近い国会だけが作ることができるようにしたのです。

明治憲法下の立法権は、天皇が緊急勅令《ちょくれい》という形で行使できたうえ、通常は天皇と帝国議会との共同で行使されていました。本条はそういう仕組みを排除し、国会以外は立法権をもたず（国会中心立法の原則）、また国会だけで立法権を行使できる（国会単独立法の原則）ことにしたのです。

第42条　二院制

国会は、衆議院と参議《さんぎ》院《いん》の二つの院からなる。

【解説】国会は二つの院で構成される

国会は衆議院と参議院との二つの院によって構成されます。

国会の意思を決めるときには、原則として両院の意思が合致しなければなりません。これを二院制といいます。現実の民意は多様なのに、ある時期の選挙に表れた一つだけの「民意」が暴走しないように、両院に抑制と均衡を生じさせることが目的です。

ところが憲法が定める両院の違いは、任期（45条、46条）と衆議院の優越、解散権の有無に違いにとどまり、そもそもどういう役割分担かは法律に任されています（47条）。参議院の役割は国民が自覚的に議論する必要がありそうです。

第43条　両議院の組織・代表

Ⅰ　両議院の議員は、選挙区の代表ではなく全国民の代表として、選挙によって選ばれる。

Ⅱ　両議院の議員の定数は法律で定める。

【解説】国会は全国民の代表機関である

最高機関、唯一の立法機関としての地位に加え、国会には、「全国民の代表機関」としての地位が与えられています。原文では、各院の議員は「全国民の代表」とされ、彼らをメンバーとする国会は全国民の代表機関というわけです。

その趣旨は、国会議員が中心的に取り組む課題が、あくまで外交、防衛、経済政策、法務など、国益にかかわる課題なので、選挙区民の意思に縛《しば》られることなく全国民のために行動せよとすることにあります。

地元の選挙で選ばれた国会議員が、地元の利益を考えるのは当然だと思う人も多いかもしれません。しかし憲法は、そういう地方独自の利益は地方自治で実現することを予定しています。もし、地元の利益と全国民の利益とが衝突する問題ならば、後者を優先して行動することが求められています。選挙の票目当てに自分の選挙区さえ潤《うるお》えば後はおかまいなし、というのでは、全国民の代表としては失格です。

第44条　**選挙権と被選挙権**

誰が選挙権と被選挙権をもつかは法律で定める。ただし、人種、信条、性別、社会的身分、門地、教育（学力と知能）、財産または収入の違いによって差別してはならない。

【解説】選挙権を差別してはならない

本条は、選挙権と被選挙権を、法律で定めるときに差別してはならないことを定めます。

原文に「両議院の議員及びその選挙人の資格」とあるのは、両議院の議員になるための資格と、その議員に投票するための資格という意味です。前者を「被選挙権」、後者を「選挙権」とよびます。それらを平等に法律で定めるのが本条の内容です。

これをうけて公職選挙法では、衆参の各被選挙権を25歳以上と30歳以上と定め（10条）、また選挙権を20歳以上と定めています（9条）。その法律を作るときに、たとえば文字が読める人や、年収500万円以上の人に限るというように、差別的な定め方をしてはならないというのが後段の趣旨です。原文に「信条、社会的身分、門地」の意味は14条I項後段で説明したところを参照してください。

第45条　衆議院議員の任期

衆議院議員として働く期間は４年とする。
ただし、解散したときには、そのときまでとする。

【解説】なぜ衆議院の任期を定めるか

衆議院議員の任期について定めます。

任期とは、公務員に就任した者が、その地位にある一定の期間です。無期限だとその権力が強くなりすぎるので、そうならないようにして選挙人の影響力を確保するためです。

憲法が、法律や予算などの議決の効力について衆議院の優越を認め、また内閣不信任決議を衆議院だけに与えたのは、参議院議員よりも任期が短く、また任期以前でも解散によって民意を反映しやすいということを考慮したものです。

第46条　参議院議員の任期

参議院議員として働く期間は6年とし、3年ごとの選挙で議員の半数を入れ替える。

【解説】参議院の任期はなぜ長いのか

参議院議員の任期について定めます。

6年として衆議院議員より長くしたのは、その間は国民のコントロールから距離を置き、「良識の府《ふ》」、すなわち政治的に中立の立場で活動することを期待するためでしょう。解散がないのも同じことです。

また、半数ごとの入れ替え制をとったのは、いかなる事態がおきても常に参議院が存在するようにするためです。たとえば、衆参同日選が行われている最中に大規模災害が発生したような緊急事態には、改選のない半数の参議院が国の意思を決めていくことを予定していると考えられます。

第47条　選挙の方法

選挙の区割りをどう定めるか、どういう方法で投票させるかなどを含めて、両議院の議員の選挙に関することは法律で定める。

【解説】選挙の方法は法律で定められる

選挙の区割りや投票方法のほか、投票する人をいつどうやって決めるか、選挙運動はどういう規制をするか、選挙犯罪にどういう制裁を加えるかなど、選挙に関する事項は法律で定めるものです。公職選挙法がそれを定めています。

区割りについては、衆議院議員の選挙区は、選挙区から一人を選出する小選挙区に比例区を合わせた方法、参議院議員の選挙区は、都道府県ごとに一人または複数人を選出する選挙区に比例区を合わせた方法で行われています。票の重さが不平等だという最高裁の批判を受け、国会では「4増4減」や「0増5減」のような調整を行っていますが不十分です。人口比例が民主主義の基本であり、憲法も可能な限りの人口比例による定数配分を要求していると解すべきです。

また、投票方法は、口頭《こうとう》ではなく無記名の書面で行われることになっています。最近は、インターネットで投票する仕組みも課題になっています。

第48条　両院の兼務の禁止

衆議院議員と参議院議員とを同時に兼務することはできない。

【解説】**議員はかけもちできない**

二院制の目的は、一つだけの「民意」が暴走しないように摩擦《まさつ》を生じさせることにあります。ですから、もし同じ人が両院議員を兼務すれば、そのような摩擦は生じにくくなります。そのため、両院の兼務が禁じられます。ただ、参議院議員から衆議院議員に鞍替《くらが》えするように、時期を異にしたものは禁じられていません。

第49条　議員の報酬《ほうしゅう》

両議院の議員は、職務に見合った額の報酬を国からもらえる。

【解説】国会議員には特権がある

国会議員には、不逮捕特権、免責特権、歳費《さいひ》受領権という三つの特権が認められています。本条の歳費受領権は、財力を持たない人も国会議員として活動できるように、議員としての職務に見合う報酬を保障するものです。

「法律の定め」によれば、「一般職の国家公務員の最高の給料額より少なくない歳費」と定められています（国会法35条）。かなり高額な米国連邦議会議員でも約1500万円程度であるのに対して、日本の国会議員は2200万円。加えて文書交通費と立法調査費を合わせると月額200万円弱、さらにJRや航空機に自由に乗ることができます。この点で、職務を遂行するには相当に恵まれているとはいえそうです。

第50条　議員の不逮捕特権

両議院の議員は、法律が定めた例外を除き、国会の活動期間中は逮捕されない。また、国会の活動期間前に逮捕された議員は、所属する議院の要求があれば、活動期間中は釈放される。

【解説】不逮捕特権は近代議会制と共に生まれた

本条の不逮捕特権は、君主が逮捕権を濫用し、議会に妨害してきた歴史に鑑み、議員の職務執行を守るために、近代議会制とともに生まれた特権です。議会の活動を妨害から守ることが目的ですから、逮捕されないのは、会期中、すなわち国会が活動している期間中に限られます。

また、例外として逮捕される「法律の定める場合」には、①院外における現行犯の場合、②所属議院の逮捕許諾《きょだく》がある場合があります（国会法33条）。①は犯行が明らかなので逮捕権が濫用されるおそれは少ないし、②は議会が了解しているのならば、逮捕を控《ひか》える理由はないからです。

本条後段は、すでに逮捕されていた議員について、所属議院の要求があれば、会期中は拘束を解かれることを定めます。ただ、議会多数派と政府とが協力関係にある現在では、むしろ議院の許諾そのものが、多数派の政治権力による少数派議員への不当な弾圧になっていないかを監視していくことが必要です。

第51条　議員の免責《めんせき》特権

両議院の議員は、職務として行った活動について、民事上または刑事上の責任を負わない。

【解説】議員は議院での発言に法的責任を問われない

議員が、議院で行った発言や表決《ひようけつ》（議案への賛否の意思を表示すること）について法的責任を問われないことにして、国会議員の言論活動の自由を保障するものです。たとえば、法案の審議中、他人の名誉を毀損《きそん》するような発言をしても、損害賠償責任を負わされたり、名誉毀損罪として処罰されることはありません。

原文では「議院」で行った「演説、討論又は表決」について責任を問われないとあります。しかし先の趣旨からすれば、これらは例示であり、議員の職務として行った活動という意味です。

ですから、議事堂外の地方公聴会で行った発言でも免責されますし、演説や討論のように口頭によらない質問趣意書など書面による場合や、表決して退場するときに敬礼しないなどの行為でも、免責されえます。逆に、廊下や立ち話で記者の取材に応じるなど、職務そのものではない発言は免責されませんし、ヤジなどの正当な職務とはいえないものも免責されません。免責されるのは、民事・刑事責任であり、社会的責任（政党による除名処分など）は免責されません。

第52条　通常国会

通常国会は、毎年1回、開かれる。

【解説】 国会の活動期間

国会は、一定の限られた期間だけ活動します。この期間を「会期《かいき》」といいます。議会の議事の効率や選挙民との接触を増やすことなどがその目的です。

国会は、天皇が内閣の助言と承認を受けて召集し（7条Ⅱ項）、活動を開始します。会期のうち、本条の通常国会は、常会《じょうかい》とよばれ、毎年1月から150日間開かれます（国会法2条、10条。延長可能）。

第53条　臨時会《りんじかい》

内閣は、国会が開かれていないときに、臨時会を召集できる。また、衆議院か参議院の総議員の4分の1以上から要求があったときには、内閣は臨時会を召集しなければならない。

【解説】臨時会はどのように開かれるか

通常国会は、開催時期も期間も決まっていますが、それ以外の時期に審議すべき案件が生まれることもあります。そのようなときは内閣が「臨時会」を開くことにしています。臨時会の多くは、通常国会が閉会後、秋に開催されます。通常国会同様に、内閣の決定に従って、天皇が召集します。

第54条　衆議院の解散、緊急集会

Ⅰ　衆議院が解散されたときは、解散の日から40日以内に衆議院議員総選挙を行い、選挙の日から30日以内に国会を開く。

Ⅱ　衆議院が解散されると、参議院も同時に閉会する。ただし、内閣は、解散中でも緊急に決めなければならないことがあると判断したときには、参議院の緊急集会を開くことができる。

Ⅲ　緊急集会でとった措置《そち》は、急場をしのぐ暫定《ざんてい》的なものだから、新しい国会で衆議院がその措置に10日以内に同意を与えなければ、その効力はなくなる。

【解説】衆議院の解散と緊急事態への対応

Ⅰ項は、衆議院が解散してから、選挙を経て新たな国会が召集されるまでの日数を定めます。解散は、民選の議員の地位を一方的に奪うものです。そこで、その後の選挙と国政の新しい体制をすみやかに作らなければなりません。任期満了後の総選挙と違って、解散から国会開催までの日数を憲法で明記したのはそのような趣旨です。

Ⅱ項は、解散中に大災害などの緊急事態がおきたときの対応を定めます。衆議院の解散により、参議院も同時に閉会します（両院同時活動の原則）。ただこの間に緊急事態が起き、急いで法律を作り、補《ほ》正《せい》予算を組む必要が生じることもあります。明治憲法には緊急勅令や緊急財政処分などがありました。Ⅱ項は、それらを排除する代わりに、国会が決めるべきことを参議院が単独で暫定的に決められるようにしたのです（参議院の緊急集会）。

ただ、二院制の原則からすれば、一院だけの決定はあくまで暫定的な措置です。そのため、新たに開かれた国会で衆議院が10日以内に同意しなければ、その措置は効力を失います。東日本大震災などの緊急事態に対する対応として、憲法は、会期中ならばそこで法案などを可決し、会期外なら内閣が臨時会を召集し、解散中なら参議院の緊急集会によって対応することを予定しています。

第55条　**議員資格の裁判**

両議院はそれぞれ、所属議員の資格に関する争いについて裁判を行う。ただし、裁判で議席を失わせるには、出席議員の3分の2以上の議決が必要である。

【解説】**議員の資格を争う場は裁判所ではなく国会**

　議員が資格を失ったかどうかを争う裁判は、裁判所ではなく国会が行います。たとえば国会法は、ある参議院議員が衆議院議員になるなどしたとき（国会法108条）や、その議員が被選挙権を失ったとき（同前109条）には、退職者になると定めています。このように、その議員でいつづけるのに必要な条件を「議員の資格」といいます。

　議員の資格に関する争い（争訟《そうしょう》）とは、たとえばA衆議院議員が「B衆議院議員は議員の資格を失った」と主張し、Bの退職議決を衆議院に求めるような場合です。このような法的紛争を解決する役割は、本来ならば裁判所です。しかし憲法は、権力分立の観点から、議院内部の問題は他の機関から干渉されずに議院自身が処理すべきと考え（議院の自律権）、本条を置きました。

　ですから、院で出された議決（裁判）は最終判断であり、それに不満でも裁判所に上訴《じょうそ》できません。それだけに、議席を失わせるような重大な議決には慎重を期する必要があります。そこで本条のただし書きは、議席を失わせる場合に3分の2の特別多数決を求めています。

第56条　定足数《ていそくすう》、表決

Ⅰ　両議院は、全議員数の3分の1以上が出席しなければ、会議を開き、議決することができない。

Ⅱ　両議院の議決は、原則として出席議員の過半数の賛成で行う。議長は、普通はその議決に加わらないが、賛成と反対が同数のときは議長が加わって決める。

【解説】議員が休んでも国会を開ける？

会議を始め、議決をするのに、議員全員が出席しなければならないのでは実際上不便です。そこで、一定数の出席があれば、会議（原文では「議事《ぎじ》」）を開き、院の意思を決める（原文では「議決」）ことができることとしました。その一定数を「定足数」といいます。

Ⅰ項は、議事の定足数と議決の定足数を、いずれも3分の1と定めます。ただ実際には、本会議での審議よりも、委員会での審議が国会審議の実質を担っています（委員会中心主義）。

Ⅱ項は、議決が原則として出席議員の過半数で行われることを定めています。「定足数」に対応して「表決数」ともいいます。過半数原則に対する例外は、議員の資格争訟裁判で議席を失わせる場合（55条）、秘密会（57条Ⅰ項）、議員の除名（58条Ⅱ項）、法律案の再議決（59条Ⅱ項）、憲法改正の発議（96条Ⅰ項）です。

議長は、明治憲法以来、議決に加わらないのが慣例ですが、可否同数のときには議長が決済します。これにより議案が成立しやすくなります。

第57条　会議の公開、会議録など

Ⅰ　両議院の会議は、誰でも見ることができるように公開して行う。ただし、出席議員の3分の2以上の賛成があれば、非公開にできる。

Ⅱ　両議院は、その会議の記録を保存し、官報に載《の》せるなどして公表し、かつ多くの人に配ることができるようにしなければならない。秘密会を開いたときも、その記録を保存し、特に秘密にしておかなければならないこと以外は、公表し広く配らなければならない。

Ⅲ　出席議員の5分の1以上の要求があれば、その議案に賛成した議員と反対した議員が誰かを会議録に記載しなければならない。

【解説】国会討論は公開しないといけない

国会の審議討論の過程が公開されることは、国民の知る権利に奉仕し、国民が政治を監視するうえで不可欠です。

本条は、国会の活動内容を国民に知らせるために、会議の公開を定めます。原文に「公開」とは、誰もが見ることのできる状態です。また「公表《こうひょう》」とは誰でも知ることができる状態にすること、「頒布《はんぷ》」とは多数人が読めるように印刷して配ることであり、具体的には、速記録を官報に掲載すれば、公表して頒布したことになります。

もっとも国会の活動は委員会中心で行われます。本条は「会議」の公開を求めるものであり、委員会では議員以外の傍聴《ぼうちょう》を許さないことを原則としています（国会法52条）。予算委員会などメジャーなものはNHKで中継されますが、公開性は十分ではありませんでした。ただ、インターネットが普及したことで、各院のホームページに行くと速記録や委員会中継にもアクセスできるようになりました。

第58条　議院の組織と運営

Ⅰ　両議院は、議長から末端《まったん》の事務職員にいたるまで、国会を運営する人を自ら選ぶ。

Ⅱ　両議院は、議院の運営や会議の進め方などのルールを定めたり、院内の秩序を乱《みだ》した議員を懲罰《ちょうばつ》することができる。ただし、懲罰として除名するには、出席議員の3分の2以上の賛成が必要である。

【解説】議院の組織や運営は他から干渉をうけない

本条は、組織と運営に関する議院の自律権を定めます（55条「解説」参照）。

Ⅰ項は、原文で「その議長その他の役員」を選ぶとありますが、自律権を尊重する本条の目的からいえば、議長のような偉い人だけでなく、末端の職員まで議院だけで選びます。

Ⅱ項の「議院規則」とは、議院が活動する際に定めておくべきルールです。具体的には、衆議院規則と参議院規則があります。懲罰を受けるのは、国会法によれば理由なく召集に応じない場合や、理由なく会議や委員会を休んだ場合を挙げますが（124条）、本条は懲戒の理由を「院内の秩序を乱した」とするだけなので、それに限らず、たとえば答弁《とうべん》で「バカヤロウ」と言うことも懲罰の対象になります（1953年2月28日予算委員会での吉田茂総理の発言）。懲罰には、軽い順に、戒告《かいこく》、陳謝《ちんしゃ》、登院停止、除名の4種類があります（国会法122条）。除名処分は重大な懲罰なので、慎重を期して、3分の2以上の特別多数決が必要です。

第59条　法律案の議決、衆議院の優越

Ⅰ　法律は、原則として両議院がその原案を可決したときに成立する。

Ⅱ　衆議院の可決した法律の原案を、参議院が否決したり修正可決した場合は、ふたたび衆議院で出席議員の3分の2以上で議決しなければならない。

Ⅲ　Ⅱの場合、妥協に向けた話し合いを参議院とするために、衆議院は両議院の協議会を開くことを求めることができる。

Ⅳ　衆議院が法律の原案を可決した後、参議院がそれを受けとってから、国会休会中の期間を除いて60日以内に議決しないときは、衆議院は、参議院がその法律の原案を否決したものとみなすことができる。

【解説】法律はどのように成立するか？

法律は両議院で可決したときに成立するのが原則です（Ⅰ項）。

Ⅱ項以下は、その例外である衆議院の優越を定めます。

Ⅱ項の原文で、参議院が「これと異なつた議決をした」とは、否決したか修正可決した場合です。これに応じて衆議院は、出席議員の3分の2以上の特別多数で再議決するか（Ⅱ項）、妥協に向けて両議院の協議会を開いて参議院と話し合いをするか（Ⅲ項）、いずれかを選びます。両議院の協議会とは、両院の意見が細かいところで対立する場合に、妥協して調整するための場です。原文に「求めることを妨げない」とあるように、それを開くかどうかは、衆議院が判断して決めます（任意的協議会。60条と対照）。以上、Ⅰ～Ⅲ項は参議院が何らかの議決をした場合の処理です。

これに対して、参議院が何の議決もしなかった場合についてはⅣ項が定めています。議案を受けとって60日たっても議決しないとき、衆議院は、参議院が議案を否決したものとみなすことができます。「否決」と扱うか否かは衆議院の判断に委《ゆだ》ねられます。たとえば、そういう参議院の態度に対して、衆議院は「否決したものとみなす」という議決を行い、次いで3分の2の再議決に進んだりすることになります。

第60条　予算案の議決と衆議院の優越

Ⅰ　内閣は、予算の原案を作ったら、それを先に衆議院に提出しなければならない。

Ⅱ　衆議院で可決した予算の原案は、

①それを参議院で否決したり、修正可決した場合は、まず両議院の協議会を開いて妥結《だけつ》の道を探る。それでも意見が一致しないときは、衆議院の議決が国会の議決になる。

②参議院がそれを受けとってから、国会休会中の期間を除いて30日以内に議決しない場合も、衆議院の議決が国会の議決になる。

【解説】予算の議決で衆議院の優越は強力

予算は、一会計年度（毎年4月1日～3月31日）の間に、国にどれだけお金が入り（歳《さい》入《にゅう》）、何にどれだけつかうか（歳出《さいしゅつ》）という計画書です。その原案は内閣が作ります（73条5号）。

ただ、歳入の多くは国民の税金から調達すること、使い道が国民生活に重大な影響を与えることから、予算には国会の議決が必要です。ただ、法律案（59条）と同様に、衆参両議院で可決されなくとも、衆議院の優越を定めるのが本条です。

Ⅰ項は、予算を先に衆議院に審議・議決させることを定めます。「予算先議権」は衆議院のみに認められる優越のひとつです。

Ⅱ項は、衆議院で可決した予算の原案について、①参議院で異なる議決をした場合は、妥結の道を模索する両議院の協議会が開かれます。この協議会は、法律案の場合と違って必ず開かなければなりません（必要的協議会）。妥結できなければ、衆議院の議決が国会の議決になります。

②参議院がそれを受けとってから、30日以内に議決しなかったときにも、衆議院の議決が国会の議決になります。これを「自然承認」ともいいます。

第61条　条約の承認と衆議院の優越

条約の締結《ていけつ》に必要な国会の承認は、予算の議決方法を定めた60条Ⅱ項を準用《じゅんよう》する。

【解説】条約にも国会のコントロールが及ぶ

条約の締結権は内閣にあります（73条三号）。

しかし、条約は国民生活に重大な影響を与えることも少なくないので、国会の承認が必要です（73条三号ただし書）。本条は、その承認手続きとして、予算に関する60条Ⅱ項を準用します。「準用」とは、ある条文を違う場面にも使うことです。つまり条約の承認手続きにおいても、先議権以外の衆議院の優越の条文が、そのまま使われます。

第62条　議院の国政調査権

両議院は、法案を審議したり行政を監督する役割を適切に果たすため、国政に関する必要な情報を集めることができる。具体的には強制的に証人《しょうにん》を呼び出したり、証言させたり、記録を提出させたりすることができる。

【解説】 議院は活動に必要な情報を集める権限をもつ

本条は、議院の国政調査権を定めます。

国会は、立法権や予算・条約の承認権をもちます。また、議院内閣制の下では、行政活動を監視する役割も担います。これらの権限を適切に行使するには十分な情報が必要です。そのための情報集めの権限が「国政調査権」です（人口調査の「国勢調査」は別ものです）。たとえばロッキード事件（1976年）のような汚職事件の全貌《ぜんぼう》を明らかにするのに行使されたりしました。

証人とは、自分の経験から知ったことについてしゃべることを命じられた人です。議院は証人を呼び出し、しゃべらせ、書類を提出することを強制できるのです（証人喚問《かんもん》）。「議院証言法」では、嘘の証言をすると偽証《ぎしょう》罪として処罰されます。「証人」ではなく「参考人」として呼ばれたときはこうした強制力はありません。

国政調査権は、国の政治全体に及びますが、裁判所の活動に対しては、司法権の独立が働くため制限されることがあります。

第63条　**国務大臣の出席の権利と義務**

内閣のメンバーは、その院の議員であるかどうかを問わず、議題について発言するために、いつでも各議院の会議に出席することができる。また、各議院は、会議の議題について答えさせたり説明させたりするために、関係する大臣を出席させることができる。

【解説】国務大臣は議院に出席しないといけない

本条は、国会議員であるかどうかを問わず、国務大臣は議院への出席権と出席義務をもつことを定めます。

憲法は、内閣が国会に対して連帯して責任を負う「議院内閣制」をとっています。ここでは国会と内閣が連携を密《みっ》にしていくことが必要です。そこで、内閣が国会のことを知るために、関係する大臣に出席権を与え、また国会が内閣のことを知るために出席義務を課しました。その出席権と出席義務は、本会議のみならず委員会でも同様です。

第64条　弾劾《だんがい》裁判所

Ⅰ　国会は、訴追《そつい》委員会が辞めさせるべきだと判断した裁判官について、本当に辞めさせるほどの非行《ひこう》があったかどうかを裁判するため、両議院の議員をメンバーとする弾劾裁判所を設ける。

Ⅱ　弾劾に関する細かいことは、法律で定める。

【解説】国会は裁判官を裁く権限がある

弾劾裁判とは、ある裁判官が本当に辞めさせられるような非行を行ったかどうかを調べる裁判です。裁判を行う権限は本来ならば裁判所にありますが、司法権を民主的にコントロールするために、弾劾裁判を国会が設置する弾劾裁判所の権限とするのです。

その手続きは、衆参各10人の議員からなる訴追委員会が、非行の疑いがある裁判官を弾劾裁判所に訴えることから始まります。原文では「罷免《ひめん》の訴追」といいます。「非行」とは、「職務上の義務に著しく違反し、又は職務を甚《はなは》だしく怠《おこた》つた」ことと、「その他職務の内外を問わず、裁判官としての威信を著《いちじる》しく失うべき非行があつた」ことです（裁判官弾劾法2条）。違憲判決を出しすぎるなどのような、裁判内容の当否が原因で罷免されることはありません。

弾劾裁判所は衆参各7人の議員をメンバーにします。罷免の訴追を受けた弾劾裁判所は、普通の裁判と同様の手続きに従って、その裁判官が本当に「非行」があったかどうかを慎重に審理し、最後に判決を下します。

第5章　内閣

第65条　行政権《ぎょうせい》

行政権、すなわち立法と司法をのぞくすべての国の活動は、内閣が担う。

【解説】行政権は内閣に帰属

立法権を国会に（41条）、司法権を裁判所に（76条Ⅰ項）与える一方で、本条は行政権を内閣に与えています。この三つの条文が権力分立原理の中心となります。

「行政」という言葉の意味は、むかしから議論されてきましたが、いまだにこれといって決め手になる意味は確立されていません。そこで「国の活動から立法作用と司法作用を除いたもの」と考えられています（行政控除《こうじょ》説）。

内閣とは、内閣総理大臣とその他の国務大臣をメンバーにする組織です。国務大臣は通常は二つの地位をもちます。一つは内閣のメンバーとしての地位、二つめは財務大臣や法務大臣のように各省庁のトップとしての地位です。前者の地位を「国務大臣」、後者の地位を「行政大臣」といいます（前者だけの大臣を「無任所《むにんしょ》大臣」といいます）。この行政大臣が行政活動を分担管理し、各省庁がその分担した仕事（所掌《しょしょう》事務）を行っていきます。

内閣の意思は、閣議《かくぎ》によって決めます（全員一致）。大統領という一人の人間が行政権をもつ大統領制（首長制）よりも、慎重に判断できるのがメリットです。

第66条　**内閣の組織、国会への連帯責任**

Ⅰ　内閣は、リーダーである内閣総理大臣と、その他の国務大臣をメンバーとした組織である。

Ⅱ　職業軍人の経歴をもち軍国主義思想に深く染まっている人、および現在自衛官としてはたらいている人は、内閣総理大臣やその他の国務大臣になることはできない。

Ⅲ　行政権をどのように行使したかについて、内閣のメンバー全員が共同して、国会に対して責任を負う。

【解説】内閣とは何か

Ⅰ項は、内閣が、首長である内閣総理大臣とその他の国務大臣からなるとします。首長とはリーダーです。具体的な仕事は、内閣という合議体《ごうぎたい》（話し合いをする組織）の議長となること、各大臣が分担して管理する行政事務を指揮監督すること、閣外に向かって内閣を代表することとです。内閣の組織は内閣法で定められています。

Ⅱ項は文民統制《ぶんみんとうせい》を定めます。大臣の資格を文民に限定して、軍の独走を防ぎ、軍事権を民主的にコントロールする狙いです。「文民」とは、「職業軍人の経歴をもち軍国主義思想に深く染まっている人」および「自衛官としてはたらいている人」以外の人をさすと考えられています。

Ⅲ項は、議院内閣制の中心となる条文です。「議院内閣制」とは、行政権行使について内閣が国会に連帯して責任を負う仕組みです。内閣は、国会の信任に基づいて構成され、その信任に応える政策を実現します。国会から批判を受ければ、内閣のメンバーが一丸《いちがん》となってそれを説明します。もし国会の意思に沿った政策を実現する自信がなければ総辞職し、総辞職しないで国会との信任が崩れれば、内閣不信任決議を突きつけられます。

第67条　内閣総理大臣の指名と衆議院の優越

Ⅰ　内閣総理大臣は、国会が、国会議員の中から選ぶ。
これは、他の議題よりも先に行う。

Ⅱ　衆議院と参議院で内閣総理大臣に別の人を選んだら、両議院の協議会を開いて妥結の道を探る。それでも意見が一致しないときは、衆議院の議決を国会の議決とする。
また、衆議院が内閣総理大臣を選んだあと、国会休会中の期間を除いて10日以内に参議院が誰にするかを決めなかったときも、衆議院の議決を国会の議決とする。

【解説】**内閣総理大臣を選ぶときにも衆議院が優越**

Ⅰ項は、内閣総理大臣を選ぶのは国会であり、選ばれるためには国会議員でなければならないことを定めます。内閣が議会の信任に基づくのが議院内閣制ですから、内閣のリーダーは国会の意思に基づいて決める必要があるのです。国会議員から選ぶのも同じ趣旨です。

つぎに、内閣総理大臣を選ぶ案件は、法律案や予算案の審議などより先に行うことを求めています。内閣総理大臣は国の政治を運行していくのに不可欠ですから、一刻も早くそれを選ぶべきだからです。

なお、誰にするかを選ぶことを「指名」、指名に基づいてその職に就かせることを「任命」といい、「任命」により正式に内閣総理大臣になります（6条の「解説」参照）。

Ⅱ項は、衆議院と参議院とで内閣総理大臣に違う人を選んだ場合、および参議院が誰も選ばなかった場合について、衆議院の優越を定めます。基本的には、予算案の承認に関する60条Ⅱ項と同じ構造です。違うのは、議決しない期間が、30日ではなく10日である点です。内閣総理大臣選びは一刻も早くしなければならないので、より短期になっています。

第68条　国務大臣の任命と罷免《ひめん》

Ⅰ　内閣総理大臣は、自分の意に沿う人を選んで国務大臣の職に就かせる。国務大臣の過半数は、国会議員でなければならない。

Ⅱ　内閣総理大臣は、自分の意に沿わなくなった国務大臣を自由に辞めさせることができる。

【解説】内閣総理大臣がもつ任命権

Ⅰ項は、内閣のメンバー（国務大臣）を決める時に、内閣総理大臣は自分が好きな人を自由に選ぶことができること、Ⅱ項は、意に沿わなくなった国務大臣は自由に（原文で「任意に」）辞めさせることができることを定めています。これによって内閣総理大臣が内閣でリーダーシップを発揮できるようにしたのです。

内閣総理大臣が自分の意に沿うように内閣のメンバーを入れ替えることによって、内閣が国会の意向に沿って行政権を行使できるようになります（議院内閣制）。国務大臣の過半数を国会議員とする（Ⅰ項後段）のも、内閣の意思が国会とかけ離れないようにするためです。

なお、Ⅰ項前段の「任命」は、天皇の国事行為として行われる「任命」（6条）とは異なり、選んで職に就かせる（指名＋任命）という意味です。

第69条　**内閣不信任決議の効果**

衆議院が内閣に対して、不信任決議案を可決するか、信任の決議案を否決した場合、内閣は、

①衆議院を10日以内に解散するか、

②総辞職するか、

のどちらかを選ばなければならない。

【解説】内閣の不信任決議がなされれば

議院内閣制の下では、内閣が国会の意思から離れてしまえば、いったん辞めさせ、国会の意に沿う新しい内閣を作り直す必要があります。それが、「不信任決議案の可決」です（信任の決議案の否決も同じ意味です）。「内閣は自分たちの意思から離れてしまった」、という国会からの「ダメ出し」です。

これを受けて内閣がとる道は二つあります。一つは素直に総辞職、すなわち内閣の全メンバーが職を辞めることです。しかし、もし自分たちの考えこそが国民は支持していると考えれば、もう一つ、衆議院を解散させて総選挙に打って出ることもできます。このように衆議院の内閣不信任決議を受けた内閣に、解散か総辞職かを選択させるのが本条のポイントです。一方の参議院も内閣不信任決議を行うことができます（問責《もんせき》決議）。が、解散か総辞職かを内閣に選ばせる法的効果は生じません。

ちなみに、内閣が衆議院を解散できるのは、内閣不信任決議がなされた場合に限りません。内閣は、民意を問う正当な理由がある限り、自由に衆議院を解散することができます（7条による解散）。

第70条　**内閣総辞職**

内閣総理大臣が死亡するなどして欠《か》けたとき、または衆議院議員の総選挙の後にはじめて国会の召集があったとき、内閣は総辞職しなければならない。

【解説】内閣総辞職しなければならないのは？

内閣総理大臣は、国会の意思にかなう人が選ばれ（67条Ⅰ項）、自分の意に沿う人を内閣のメンバーに選びます（68条Ⅰ項）。ですから、内閣総理大臣が死亡するなどして欠けてしまえば、その内閣は国会からの信任の基礎を失うことになります。そこでそのときに内閣は総辞職することにしました。

死亡のほかにも、総理大臣が議員を除名されたり（58条Ⅱ項）、資格争訟の裁判で議員資格を失ったり（55条）、辞職した場合も含みます。また、総選挙で当選した議員が、新しい国会に召集されたときも、新しい国会の意思にかなう内閣総理大臣を選び、そのもとで新しい内閣のメンバーを選べるようにするため、内閣は総辞職することとしました。

第71条　**総辞職後の内閣の職務**

69条と70条の場合に内閣が総辞職したときでも、新しい内閣総理大臣が職に就いて新内閣が発足するまでは、いままでの内閣が引き続き職務を行う。

【解説】**総辞職したら内閣は存在しなくなる？**

内閣が総辞職するのは、①内閣不信任決議などを受けて内閣が総辞職を選択したとき（69条）、②内閣総理大臣が欠けたとき（70条）、③総選挙後にはじめて国会の召集があったとき（同条）です。総辞職した瞬間に誰も大臣がいなくなるのでは、行政が継続的に行われなくなります。そのため、新しい内閣のメンバーが決まるまで、今までの仕事を引き続き行うことにしました。

第72条　**内閣総理大臣の職務**

内閣総理大臣は、あらかじめ閣議で決定した方針に従って、①法律案や予算案などの議案を国会に提出し、②外交関係を含めて内閣の職務のすべてについて国会に報告し、③各省大臣とその下にある行政各部を指揮《しき》監督する。

【解説】内閣総理大臣の職務は何か

内閣総理大臣は、内閣のリーダーとして閣議決定に従い、本条にあるような職務を行います。

それは第一に議案、すなわち国会の各院で議決される法律案や予算案などの議案を提出して国会の審議に付すること、第二に議院内閣制の下で行政事務をどのように処理しているのかを国会に報告すること、第三に閣議できめた方針に基づいて、行政各部を指揮監督することです。

「指揮監督」とは、上級の行政機関が下級機関に対して、「この事務はこういうやり方をしろ」というように命令することです。ただ、内閣総理大臣が、単独で行政各部に指揮することはできません。それだと、行政権が内閣総理大臣に属することになってしまい、「内閣」に属する（65条）ことと矛盾するからです。内閣総理大臣は、閣議決定の方針に従って、内閣という合議体の一員として指揮監督することになります。リーダーとはいえ、話し合いを重視して慎重を期するのが特徴です。

第73条　**内閣の職務**

内閣は、広く一般の行政事務を処理するほか、次の事務を行う。

一　国会が作った法を、その精神に則《のっと》って執行し、国の行政事務をとりまとめて管理すること。

二　全権委任状などの各種外交文書を作ったり、外交にかかわる重要な公務員を任免するなど、すべての外交関係を処理すること。

三　条約を結ぶこと。ただし、事前に、時と場合によっては事後に、国会の承認を得なければならない。

四　法律に従って、国家公務員の人事に関する事務を行うこと。

五　毎会計年度の予算を作成して国会に提出し、その承認を受けること。

六　政令《せいれい》という法を作ること。ただし、政令で罰則を定めることは、国民の自由を制約することになるので、法律による個別・具体的な委任が必要である。

七　有罪判決を受けた人やその判決前の人に、特別に、刑を受けなくてもよいようにしたり、刑を軽くしたり、有罪判決で失っていた資格などを回復する措置《そち》を決定すること

【解説】**内閣がなすべきこと**

本条は内閣の権限を定めています。65条でも説明したように、内閣が行う事務は広範囲にわたり、立法と司法をのぞいたすべてです。ですから、本条に掲《かか》げるのは重要なものの例示です。

一号は、国会が作った法律に基づいて行政活動を行うことを定めています。法の執行は行政の最も重要な活動です。原文の「国務を総理する」は趣旨が不明瞭だとされていますが、「国の行政事務を管理する」くらいの意味でしょう。原文に「誠実に」とあるのは、法律の文言を形式的に守るだけでなく、その精神を汲《く》んで執行することを求める意味です。

二号は、ひろく外交関係を処理することです。

三号は外交関係の中でも国民の権利義務に重大な影響を与える条約について、それを締結する権能を内閣に与えつつ、国会の民主的コントロールの下におく狙いです。コントロールの実効性は事前の承認によって確保できますが、外交は交渉ごとであり、先に条約を結んでしまったほうが国益にかなうこともあります。そういう場面に柔軟に対処できるように、原文では「時宜《じぎ》によっては」、つまり時と場合によっては事後の承認でもよいことにしています。

四号は、国家公務員の人事行政を行うということです。原文の「官吏《かんり》」とは国家公務員のこと、「事務」とは人事行政のことです。明治憲法では官吏の身分を天皇の勅命で決めていましたが、国民主権のもとでは民主的な法律でそれを定めることにしたのです。人事の具体的な内容は、国家公務員法という法律で定められています。

五号は予算案の作成権が内閣にあることを明確にします。

六号は、内閣に政令という法を作る権限があることを定めます。政令には、原則として罰則を定めることはできません。罰則は、国民の自由を制限するので、直接に選挙で選ばれた国会の法律で定めるのが原則だからです（国会中心立法の原則。41条）。ただ、実際の必要もあるので、政令で罰則を定めることについて、法律が個別・具体的に委任していればそれが可能です。おおまかにいえば、「こういう行為について、このくらいまでの刑罰なら定めていい」ということを法律が許している場合です。

七号は、恩赦を決定するのが内閣であるとします。天皇はそれらを国事行為として認証します。それぞれの詳しい内容は7条六号の「解説」を参照してください。

第74条　法律・政令の署名と連署《れんしょ》

法律と政令には、その法の内容に関係する担当大臣が署名し、内閣総理大臣が連署する。

【解説】法律の執行責任を明確にする

法律を誠実に執行することは内閣の権能ですが（73条一号）、その執行責任を明確にするために、関係する大臣と内閣総理大臣に署名を求めるのが本条です。

原文の「法律」とは国会が作る法、「政令」とは内閣が作る法です。たとえば環境関係の法律ならば環境大臣が、消費税法なら財務大臣が、それぞれ自分の名前を書き、内閣総理大臣がその署名に添えて名前を書きます。

第75条　国務大臣の刑事訴追《そつい》

国務大臣は、その地位にある間は、内閣総理大臣の同意がなければ、被告人として裁判所に刑事訴追されることはない。ただし、その同意を得られないからといって、検察官の公訴《こうそ》権が不利に扱われることはない。

【解説】大臣への起訴は慎重に

国務大臣に対する起訴を無条件に許してしまうと、それにより大臣の進退が問題になってしまい、内閣の一体性を保つことが難しくなります。そこで、内閣総理大臣が同意しなければ起訴できないことにして、刑事訴追が慎重に行われるようにしました。

ただし書きは、右の同意がない間は公訴時効が停止することを定めています。被告人を刑事訴追する権限（公訴権）は、一定期間が経てば時効によって消滅し、起訴できなくなります。しかし、内閣総理大臣が同意を与えないでいる期間は、検察官に何の落ち度もないので、時効期間は進行しない、というのが原文にある「これがため、訴追の権利は、害されない」という意味です。

第6章　司法

第76条　司法権、裁判所、裁判官

Ⅰ　法律的な事件が起きたときに、法を使って解決することは裁判所の役割である。裁判所には、ピラミッド型の組織体制の頂点に立つ最高裁判所と、その下部組織としての下級裁判所がある。

Ⅱ　ピラミッド型組織の外に裁判所をつくることはできない。
裁判所以外の役所が裁判をすることもあるが、その裁判に不満があれば通常の裁判所で裁判を直してもらう道を必ず残しておかなければならない。

Ⅲ　裁判官は、国会、内閣、他の裁判官などを含めて誰からも拘束されず、法だけに拘束されて裁判を行う。

【解説】司法権はどこが狂うか

Ⅰ項は、司法権をもつのは最高裁判所と下級裁判所だけであることを定めます。条文のポイントは「司法権」という言葉の意味と裁判所の種類です。

司法権とは、権利や義務をめぐる争いごとについて、法を使って解決する国のサービスです。立法権が国会に、行政権が内閣に属するように、司法権は裁判所に属します（三権分立）。

原文の「下級裁判所」とは、最高裁判所以外の裁判所として裁判所法が定めている裁判所です。具体的には、高等裁判所、地方裁判所、簡易《かんい》裁判所、家庭裁判所があります。これらの裁判所は、Ⅱ項でいう「特別裁判所」と対比して「通常裁判所」といいます。通常裁判所の組織は、最高裁判所を頂点としてピラミッド型に作られています。つまり、最初に持ち込んだ地裁・簡裁・家裁の判決に納得がいかなければ高裁に控訴《こうそ》でき、それでも不満ならば頂上の最高裁に上告《じょうこく》できます。このような上下関係を「審級《しんきゅう》関係」といい、やり直して3回まで裁判で争える仕組みを「三審制」といいます。最高裁判所には、事件の解決の仕方や法の言葉の意味の捉え方が、裁判所ごとにバラバラで不平等にならないように統一する役目があるのです。

Ⅱ項は、特別裁判所を禁止しています。「特別裁判所」とは、通常の組織系列に属さない裁判所です。いいかえれば、通常裁判所で再判断するルートが閉ざされている裁判所です。戦前にあった、軍人の規律違反を裁く軍法会議がその例です。このような裁判所を設けると、事件の解決の仕方や条文の解釈が不統一になってしまうし、法の下の平等にも適しないので禁止されます。逆に、そういうルートが確保されていれば、裁判所以外の国の機関が裁判を行うことは可能です。原文では、行政機関が「終審《しゅうしん》として」裁判できないとあり、そこには「前審《ぜんしん》」ならできるという意味が含まれます。たとえば、公正取引委員会という行政機関が行う「審決《しんけつ》」は裁判の一種ですが、それに不満であれば東京高等裁判所に裁判をやり直してもらえるので、本項には違反しません。

Ⅲ項は、裁判官が裁判を行うにあたって、外部からの圧力や干渉を受けることなく独立して裁判を行うことができることを狙います。裁判は、それを通じて権利を救済することを重要な役割にしています。その際、国会や内閣の多数派から干渉を受けると、少数派の人権を守ることはできなくなります。そこで、裁判を行う際に裁判官が干渉を受けないことにして、特に少数派の人権保障を守るのが本項です。組織としての裁判所の独立だけでなく、個々の裁判官の独立性を確保することが狙いなので、地裁の所長が、その裁判所の裁判官に干渉することも、職権行使の独立を侵すことになります。

第77条　最高裁判所の規則制定権

Ⅰ　最高裁判所は、裁判を進めるのに必要な細かいルールを定めることができる。

Ⅱ　検察官《けんさつかん》も、最高裁判所が定めた規則に従わなければならない。

Ⅲ　最高裁判所は、下級裁判所に関する規則も定めることができるが、これを下級裁判所に任せることができる。

【解説】最高裁判所を運営する三つのルール

最高裁判所が、裁判を運営する際の細かいルールを自ら作ることにより、他の機関からの干渉を排除し、司法権の独立を確保することが、本来の目的です。

たとえば、法律では最高裁小法廷の裁判官数を三人以上とするにとどめ（裁判所法9条Ⅱ項）、これを受けて最高裁判所事務処理規則はそれを五人とします（2条Ⅰ項）。「訴訟に関する手続、弁護士、裁判所の内部規律及び司法事務処理に関する事項」のような裁判運営のルールを、法律と調整のうえ自ら作ることができるのです。この規則制定権は、被告人の刑事手続き上の人権に関わる点で、国会中心立法の原則（41条）の例外になります。

検察官は裁判所から独立した地位をもちます。とはいえ、裁判は裁判所が主宰するものである以上、検察官はその規則に従わなければなりません。そのことを確認するのがⅡ項の趣旨です。一般国民が拘束されることはもちろんです。

Ⅲ項は、下級裁判所の規則も最高裁判所が定めることを前提に（これを受けて、下級裁判所事務処理規則が定められています）、それを下級裁判所自身に定めさせることもできるという意味です。

第78条　裁判官の身分の保障

裁判官を辞めさせることができるのは、

①心身の故障のため仕事ができないと裁判で認められたとき、

②弾劾《だんがい》裁判所の裁判で罷免されたとき、

③最高裁判所裁判官の国民審査で過半数が×をつけたときだけである。

裁判官は不祥事《ふしょうじ》を起こすなどの非行があれば、制裁として懲戒《ちょうかい》処分を受けるが、この処分を行うことができるのは裁判所だけである。

【解説】どういうときに裁判官は辞めさせられるか

本条は、裁判官が辞めさせられる場合を限定して、その身分を保障し、裁判官の職権行使の独立（76条Ⅲ項）を確実にすることが目的です。

原文の「心身の故障」とは、治る見込みが乏《とぼ》しい心身の故障です。数カ月の重傷でも復帰の目処がたてばそれにあたりません。さらに、医者がそう判断するだけでなく、裁判所の裁判でそう認められることも必要です。裁判官分限法によれば、地裁・家裁・簡裁の裁判官の心身の故障を裁判するのは、その地区の高等裁判所です（3条）。

裁判官が盗撮や痴漢《ちかん》で捕まるニュースをたまに聞きます。そういう非行がある裁判官は懲戒処分を受けます。裁判官分限法で、戒告または1万円以下の過料《かりょう》（金銭的制裁）とされています。裁判官が厚い身分保障を受けることに照らせば妥当なところでしょう（もちろん、盗撮や痴漢そのものへの責任は別に問われます）。さて本条は、このような懲戒処分を「行政機関」が行うことはできない、と定めます。多数派の横暴によって独立性を侵すことを防ぐのが目的ですから、「行政機関」はもちろん、国会も裁判官に懲戒処分を行うことはできません。裁判所以外がそれを行えないとするのが本条のポイントです。

第79条　**最高裁判所の裁判官、国民審査、定年、報酬**

Ⅰ　最高裁判所は、長たる裁判官とその他の裁判官で組織する。その他の裁判官の人数は法律で定める。その他の裁判官を選んで職に就ける（任命）のは内閣の権限である。

Ⅱ　最高裁判所の裁判官は、任命された後で最初に行われる衆議院議員総選挙のときに、国民審査を行う。その後も10年ごとに、衆議院議員総選挙のときに国民審査を行う。

Ⅲ　前項の国民審査で、投票者の過半数が辞めさせた方がいいと判断したときには、その裁判官は辞めさせられる。

Ⅳ　国民審査の細かいことは、法律で定める。

Ⅴ　最高裁判所の裁判官は、法律で定めた定年になれば退職する。

Ⅵ　最高裁判所の裁判官は、定期的に最高裁の裁判官としてふさわしい額の給料を受ける。この額は、裁判官が辞めさせられたり、退官した場合を除いて、減らされることはない。

【解説】最高裁判所の裁判官を選ぶのは誰?

本条は、最高裁判所の組織を定めます。

I項では、最高裁判所の裁判官が「長たる裁判官」と「その他の裁判官」で組織されると定めます。裁判所法では、「長官」と十四人の「判事」からなるとします(5条)。長官は内閣が指名し、天皇が任命しますが(憲法6条II項)、判事は内閣が指名・任命します(本項)。

II項の国民審査制度は、内閣が、場合によってはおかしな人を最高裁判事に選ぶ危険があるので、人選の判断を国民が直接チェックする仕組みです。ダメな人に「ノー」を突きつける制度なので、「罷免を可とする」(III項原文)、つまり×をつけることによって行われます。

国民審査は、任命後、最初の衆議院議員総選挙のついでに行います。任命される時期は裁判官ごとにまちまちなので、十五人全員が毎回、審査されるわけではありません。国民投票では、つけられた×の数が投票者の過半数をこえれば、その裁判官は辞めさせられます（Ⅲ項）。その他、仕組みの細かいことは最高裁判所国民審査法という法律で定めています（Ⅳ項）。

Ⅴ項の定年は、裁判所法が70年と定めます（50条）。

Ⅵ項の報酬の保障も、裁判官の身分保障の一環です。裁判官の報酬などに関する法律によれば、長官が内閣総理大臣と、判事が国務大臣と、それぞれ同じ額です。原文で「在任中」とあるので、退官や罷免されない限り、病気で休んでいても減らされることはありません。

第80条　下級裁判所の裁判官・任期・定年、報酬

Ⅰ　下級裁判所の裁判官は、最高裁判所が選んだ人の名簿から、内閣が就任させる。その裁判官の任期は10年であり、その後、もう10年やれといわれることもあるが、拒否されることもある。ただし、これらの裁判官も、法律で定めた定年になれば退職する。

Ⅱ　下級裁判所の裁判官は、それぞれの裁判官としてふさわしい額の給料を定期的に受ける。この額は、裁判官が辞めさせられたり、退職した場合を除いて、減らされることはない。

【解説】下級裁の裁判官は最高裁判所が選ぶ

79条に対応し、本条は、下級裁の裁判官の任命手続き、任期、定年、報酬を定めます。下級裁判所の裁判官は、最高裁判所が選びます。裁判所組織の自律性を確保して、司法権の独立が侵されないようにする目的です。内閣には任命権がありますが、これは選ばれた（指名された）人を形式的に裁判官の地位に就かせるだけの権限です。ですから、下級裁の裁判官の空席一つに対して、一人だけが指名された名簿でもよく、内閣は名簿に書かれた人以外から任命することはできません。

下級裁裁判官の任期は10年で、原文では再任「されることができる」と書いてありますが、ほとんどの裁判官が再任されます。再任か拒否かという点の透明性を高めるために、２００３年から、下級裁判所裁判官指名諮《し》問《もん》委員会が審議しています。定年は、簡裁裁判官が70歳、それ以外の下級裁裁判官が65歳です（裁判所法50条）。

Ⅱ項は、79条Ⅵ項と同様に、裁判官が給料をもらえることを保障しています。後段の減額禁止の規定は、裁判官の身分保障の一環です。原文で「在任中」とあるので、退官や罷免されない限り、病気で休んでいても減らされることはありません。

第81条　法令審査権

最高裁判所は、国会、行政機関、各院や裁判所が作った法や、国が個々の国民に出した具体的な処分など、すべての国の活動が憲法に違反していないかどうかを最終的に決める権限をもつ。

【解説】誰が「国の憲法違反」を判断するか

国の活動を憲法でコントロールするのが立憲主義です。そこでは、国の違憲な行為に、「これは憲法違反だ」と判断する組織が必要です。

その権限をもつのが裁判所です（本条）。ただ、憲法違反を判断するといっても、権利や義務を巡る争いごと（事件）が起きないうちから、いきなり「自衛隊は憲法違反か」と判断を始めるような抽象的審査制をとっているわけではありません。権利と義務を巡る争いごとが裁判所に持ち込まれ、それを解決するついでに憲法判断ができるにすぎません。裁判所が司法権を行使するついでに審査するこのような制度を付随《ふずい》的審査制とよびます。

原文では「最高裁判所は」として、最高裁判所だけがこの権限をもっているように読めますが、それは司法権に付随して行使すべきものなので、下級裁判所を含めて司法権をもつすべての裁判所に認められます。

審査の対象になるのは、原文では「法律、命令、規則、又は処分」とあり、順にそれぞれ国会が作った法、行政機関が作った法、各院や裁判所が作った法、個々の国民に向けた命令をさしますが、要は国会、内閣、裁判所が行うすべての活動が対象です。民主的な法律も審査対象になるのは、多数派による人権侵害を防ぐ必要があるからです。

第82条　裁判の公開

Ⅰ　裁判は公開しなければならない。すなわち、裁判の様子と裁判所が出した結論および理由は、誰でも知ることができなければならない。

Ⅱ　公開すると国の利益や社会道徳に反するような事件について、裁判官が全員一致で決めれば、裁判の様子について、非公開にできる。ただし、政治犯罪、出版に関する犯罪、国民の人権が問題になっている犯罪に関する裁判は、絶対に公開しなくてはならない。

【解説】誰でも裁判を見聞きできる

Ⅰ項は、公開裁判の原則を定めます。裁判権力を国民が監視し、不当な裁判を防ぐ目的です。ですから、公開とは傍聴《ぼうちょう》と報道が自由であること、すなわち、誰でも裁判の様子と判決を見聞きできることをいいます。公開されるべき「裁判」とは、原文によれば「対《たい》審《しん》」と「判決」です。「対審」とは、裁判の様子です。民事裁判ならば原告と被告が裁判官の前で言い争う様子、また刑事裁判では、検察官と被告人・弁護人の口頭でのやりとりです。「判決」とは、裁判所が出した結論とその理由です。

Ⅱ項は、非公開の例外を定めます。たとえば強姦《ごうかん》事件の裁判を公開すれば、被害者はさらし者にされ、プライバシーが害されます。そのような場合に、公の秩序または善良な風俗を害するおそれがあると裁判官が全員一致で判断すれば、その「対審」を公開しないことができます。公開しないのは「対審」、つまり裁判の様子だけですから「判決」は絶対公開です。また、一定の刑事事件に関する裁判も、絶対公開です。内乱罪（刑法77条）の裁判などの「政治犯罪」、選挙運動の目的で新聞社の編集長を買収する犯罪（公職選挙法223条の2）の裁判などの「出版に関する犯罪」、名誉毀《き》損《そん》罪（刑法230条）の裁判などの「国民の人権が問題になっている犯罪」は、それぞれ絶対公開です。

第7章　財政

第83条　財政処理の権限

国が活動するために必要な財産を手に入れ、管理し、それを使う権限は、国会の議決に基づいて行使する。

【解説】国の財政は国会の意思に基づく

財政民主主義を定めた規定です。

国が活動するには、お金などの財産が必要です。本条は、税金を国民に課したり、国債を発行してお金を借り入れたり、手に入れた金を使ったり、貨幣制度を定めたり、また国の財産をつかうなど、国の財産に関する一切の活動（原文ではこれを「国の財政を処理する」といいます）が、国会の意思に基づいて行われることを要求します。

これらの財政に関する活動は、結局のところ、国民の負担で行うものですから、正しく行われることは国民の大きな関心事です。そこで、国の財政活動を国会のコントロールに置く狙いです。

第84条　課税《かぜい》

国民に税金を課したり、今の税率などを変更するには、国会が定める法律によらなければならない。

ただ、誰に何についていくら払わせるかなどの細かいルールについては、担当する行政機関に任されることもあるが、そのときでも基本部分は法律できちんと条件を明確に決めておかなければならない。

【解説】国の「歳入」の仕組みを決めるのは国会

83条の財政民主主義は、国の財政一般について国会の議決を求めるものですが、それを歳入《さいにゅう》面で具体的に定めたのが、本条の租税《そぜい》法律主義です。

イギリスのマグナカルタ（1215年）に始まる近代立憲主義の歴史は、「代表なければ課税なし」といわれるように、租税への議会の関わりの歴史でもありました。租税法律主義は、「誰にどういう税金をどういう手続きで払わせるか」（課税要件法定主義）と、定め方が「誰でも理解できるように明確であること」（課税要件明確主義）を求めます。

ただ、租税の仕組みは単純ではありません。所得税のように、「いくらからいくらまでの所得にはこれだけの税金を払わせる」（課税標準）ということについて一覧表を作ったり、「何に課税し、免税品は何でどれだけの免税率にするか」など、細かい技術的なルールを含みます。これを国会で全部決めるのはむずかしいので、国税庁や税務署のような現場の行政機関がそういうルールを決める場合もあります。ただその場合でも、現場に任せっぱなしにしないで、ルールの基本部分だけは法律で明確に定めておく必要があります。原文で、租税を定めるのが「法律」だけでなく「法律の定める条件」とするのは、そういう細かいルールを現場に任せることもあるという意味です。

第85条　国費の支出と債務負担

国が現金を支払ったり、支払い義務を負うときには、国会の意思に基づいて行う。

【解説】国の「歳出」の仕組みを決めるのは国会

84条の租税法律主義が国の歳入面を定めているのに対して、本条は、83条をうけて国の歳出《さいしゅつ》面について国会のコントロールを及ぼす狙いです。

原文の「国費を支出」とは、国庫に属するすべての金銭の支払いです。法令にもとづくものであろうと普通に国が契約を結んで土地を買うような私法上の契約によるものであろうと、その原因は問いません。また「国が債務を負担する」とは、国債を発行して借金をしたり、国有地として土地を買う契約をする場合です。現時点では債務を負担するだけでも、将来は現金を支出することになるので、やはり国会の議決が必要です。

第86条　**予算の作成と議決**

内閣は、一会計年度（毎年4月1日～翌3月31日）の間に、国がどれだけ収入を得て、支出をするかに関する計画案を作って国会に提出し、審議を受けて予算の議決を受けなければならない。

【解説】国の財政計画（予算）を決めるのは国会

83条の財政民主主義を、財政計画すなわち予算の面から具体化したものです。予算案の作成は、実際の歳入と歳出について現場の行政を統括する内閣の権限ですが、計画段階から歳入・歳出をコントロールしないと、財政への民主的なコントロールは不十分になってしまいます。そのため、国会の議決によってはじめて、その財政計画が法としての効力をもつことにしました。

第87条　予備費

Ⅰ　内閣は、予測できない支出が生じる場合に備えて、目的を限定しない予備費を予算案に盛り込むことができる。予備費が国会の議決を受ければ、内閣は自分の判断でつかうことができる。

Ⅱ　予備費をつかったとき、内閣は国会の承認を受けなければならない。

【解説】予測外の支出への備え

予算はあくまで計画であり、予測にもとづくものです。そのため、自然災害などへの対策費として予測外に支出が必要になる事態が生じます。それには補正予算（見通しづらい事態に対応するために後づけで作成される予算）で対応するのが本筋ですが、金額が多くなければ手数をとらずに進めた方が便利なので、この予備費の制度を設けてあります。

予備費の議決を受ければ、内閣は自分の判断でそれをつかうことができます。不適切なつかい方かどうかは、内閣が責任を負います。つかった後に、国会の承認も必要ですが、承認を得られなくとも、つかった行為は有効です。つまり、国会の不承認は、内閣の責任を政治的に明確にするためであり、支出の法的効力を左右するものではありません。

第88条　皇室の財産と費用

皇室（天皇と皇族）の財産は、国の財産として、国会のコントロールのもとに置く。
皇室の費用は、予算に組み入れて国会の議決を求めなければならない。

【解説】皇室の財産と経費を国有化する

本条は、皇室の財産と費用に財政民主主義を及ぼすものです。

明治憲法下では、天皇および皇族の財産は、国がもっている普通の財産と違って、政府や議会の関与が一切認められない特権的なものでした。本条は、そうした特例を否定し、憲法制定前に存在した皇室の財産のすべてを国有にし、皇室経費には国会の議決を要することにして、財政民主主義を皇室の財産にも徹底しました。

原文で、皇室費用は、単に国会の議決を必要とするだけでなく、「予算に計上して」なされる必要があります。ですから、議決の単位は一会計年度ごとに行われ、議決方法も憲法に定める予算の議決方法によります。

第89条　国の財産の使用制限

国のお金や財産を宗教団体に使わせたり、宗教団体のためや、その組織を維持するのに使ってはならない。

また、国のお金や財産は、会計報告や帳簿などの検査さえ行われないような教育事業や人道事業に支出したり、利用されてはならない。

【解説】国会が認めても公金支出できない場合がある

本条は、国のお金や財産の使い道を一定の場合に制限しています。制限する目的は、まったく別の二つのことなので、「解説」では、原文を二つの文章に分けています。

一つめは、政教分離に違反する公金支出の制限です。たとえば、宗教団体の大会に国の建物を「使用」（原文）させたり、NHKで特定の宗教団体の広告をしてやるなどの「便《べん》益《えき》」（原文）を図ったり、宗教団体に補助金を与えて「維持」（原文）してやるなどは、国と宗教とが結びつくことになるので禁止されます。

二つめは、学校教育や社会福祉のような教育・慈善・博愛事業は、その美名の下に国にノーチェックで公金が支出され、無駄遣いされやすいので制限しています。そのため、補助金に関する国への会計報告や帳簿の管理のような「公の支配」すらおこなわれていない事業に対しては、国のお金や財産をつかうことはできません。

第90条　決算、会計検査院

Ⅰ　一会計年度を区切りとして、現実に国がどれだけ収入を得て、支出したかを「決算」という。決算は、内閣がまとめて会計検査院に送付し、そこで検査され検査報告にまとめられる。内閣は、決算と検査報告をまとめて、次の会計年度に国会に提出する。

Ⅱ　会計検査院の組織と権限は法律で定める。

【解説】国の決算を検査する方法

84条から89条までが財政への事前コントロールを定めているのに対して、本条は予算の執行に対する事後的な民主的コントロールを定めています。

「予算」が将来を予測した計画であるのに対して、一会計年度が終わり、現実にどれだけ収入と支出があったかをまとめたものが「決算」です。

決算が予算どおりに行われ、また収入や支出が適法で正当だったかどうかは、決算の検査を専門とする会計検査院が行います。その検査報告と決算は国会に提出されます。原文では「提出しなければならない」とあるだけですが、国会はそれを審議し、認めるかどうかを議決しなければなりません。ただ認められなくとも支出の効力を奪うものではなく、それは内閣の予算執行を政治的に批判する意味があるにとどまります。

会計検査院の組織と権限は、会計検査院法という法律で定められています。そこでは、仕事が検査であるため、検査される内閣から独立の地位が認められ、独立性を担保するために辞めさせられる場合を明記し、その場合を除いては身分の保障をしています（会計検査院法8条）。

第91条　**財政状況の報告**

内閣は、国会と国民に対して、定期に少なくとも毎年1回、国の財政の現実がどうなっているかを知らせなければならない。

【解説】国の財政は国民にも報告されなければならない

明治憲法の下でも財政は議会の統制のもとに置かれていましたが、それは外見だけの話で、議会の財政統制は弱く、例外規定も多いものでした。

本条は、国の財政状況の報告について内閣が、国会だけでなく国民に対しても義務づけています。それによって、財政監視の最終責任が主権者たる国民にあることを明確にし、財政民主主義を徹底するのがその目的です。報告すべき「国の財政状況」とは、予算と決算だけでなく、国債発行高や借入額、国有財産や債務の状況、その時点での予算の執行状況なども含まれます。

第8章
地方自治

第92条　地方自治の基本原則

地方公共団体（都道府県と市町村）に関するすべてのことは、地方自治の本旨《ほんし》である「住民自治」と「団体自治」に基づいて、法律で定める。

【解説】地方自治の本旨には二つのものがある

明治憲法には地方自治の定めがなく、知事は中央から派遣されていました。本条はそのような中央集権化を防ぐために、地方公共団体について法律で定める際に、すべての面において、地方自治の本旨に基づくことを求めています。

地方自治の本旨は、住民自治と団体自治を意味します。「住民自治」とは、地方自治が住民の意思に基づいて行われるという民主主義的な要素です。これは中央の議会制を補完する機能をもちます。「団体自治」とは、地方自治が国から独立した団体に委《ゆだ》ねられ、団体自らの意思と責任の下でなされる地方分権的な要素をいいます。これは、中央の権力に対する抑止力として機能し、地域住民の人権を守る自由主義的な意味をもちます。本条を受けて、地方自治法が定められています。

本条にいう「地方公共団体」や「地方自治の本旨」が何かは、原文からは明らかでありません。しかし、93条が議員や首長の直接民選を求める背後には、住民自治の理念があると考えられるし、また94条は立法（条例）や行政を国から独立して行うことが認められており、その背後に団体自治の理念があります。そしてそのようなまとまりをもった「地方公共団体」は、現段階では都道府県と市町村なのです。

第93条　地方公共団体の議会・長と直接選挙

Ⅰ　地方公共団体には、その意思決定機関として、議会を置く。議員の選挙や議会の活動については法律で定める。

Ⅱ　地方公共団体の執行機関であり代表機関である長、および議会の議員は、その住民が直接選挙で選ぶ。

【解説】住民自治の具体化

地方公共団体には、意思決定機関としての議会、執行機関であり代表機関としての長（首長）を置き、いずれも直接選挙で選ぶこととして、住民自治の理念を具体化するのが本条です。

首長の公選制は、明治憲法の下では行われませんでした。これに対して日本国憲法では、国の政治が議院内閣制をとっているのに対して、地方自治では首長制（大統領制）を基本としています。そこでは、長が住民から直接選任され、民意を背景に大胆な政策を実行することが期待されています。それと同時に、同じく民選の議会と独立・対等の立場に立ち、抑制と均衡《きんこう》を保ちつつ地方政治の運営にあたります。

なお、Ⅱ項は、「法律」の定める吏員《りいん》（公務員）も直接選挙で選ぶと定めています。ただ、このような「法律」は定められていないので、そのような公務員はまだおかれたことがありません。

第94条　**地方公共団体の権能**

地方公共団体は、土地や建物などの財産を管理し、地方行政を処理・執行することについて、国から干渉を受けない。また法律の範囲で条例を定めることができる。

【解説】団体自治の具体化

本条は、地方公共団体が、立法活動や行政活動を国から独立して行うことができることとし、団体自治の理念を具体化しています。

まず、原文で「その財産を管理し」とは、地方公共団体が土地や建物などの財産を買い、貸し付け、売り払うなどの管理を国とは独自に行うという意味です。原文では「事務を処理し、及び行政を執行する」と分けて書いてありますが、公共事業を行ったり地方税を集めるなど、広く、地方行政の事務を独自に執行できるという意味です。

最も重要なのは条例制定権です。条例とは、地方公共団体がその自治権に基づいて定める自主法をいいます。民主的な自主法ですから、法令に違反しない限りにおいて、住民に義務を課したり、権利を制限することができます（地方自治法14条Ⅱ項）。

ただ、法律と条例の内容が矛盾したときには、法律が優先します。「法律の範囲内で」というのは、そういうことです。国会と地方議会は立法能力が違うからです。また、条例で罰則を設けることもできますが、それは最高で2年以下の懲役までです（同条Ⅲ項）。罰則は本来、国会の法律の役割だからです（憲法31条）。

第95条　特別法の住民投票

国会が、一つの地方公共団体だけに適用される特別な法律を作るときは、その地方公共団体の住民投票で過半数の賛成を得なければならない。

【解説】団体自治の理念を守る住民投票

特定の地方公共団体だけに負担を負わせるような法律を、国会の議決だけで作ることができるとしたら、団体自治の理念は害されてしまいます。それを守るために、そのような法律が国会で作られようとしているときに、その適用を受ける地方公共団体の住民投票で過半数の賛成が必要であることを定めています。

法律を定めるには、本来、衆議院と参議院の議決があれば足りるのが原則です（国会単独立法の原則41条）。本条の地方特別法は、その例外にあたるものです。ただ、このような住民投票を経てできた地方自治特別法はごくわずかで、実例としては、広島平和記念都市建設法、首都建設法などがあります。

もっとも、これらの多くは、財政援助を国が与えることを主目的としたものであり、住民投票が必要な場面ではありませんでした。逆に、米軍用地特別措置法改正（1997年）は、形の上では、全国の米軍基地すべてに適用される点で地方自治特別法ではないように見えます。しかし、実質的には、使用期限切れの米軍用地の継続使用に反対する沖縄をねらい撃ちにしたものであり、本条の趣旨からすると、沖縄の住民投票を求めるべき事案でした。

第9章
改正

第96条　憲法改正の手続きと公布《こうふ》

Ⅰ　この憲法を改正するには、衆参各議院の総議員の3分の2以上が賛成したうえで、国会が国民に向けて改憲案を提案し、その承認を受けなければならない。この国民投票は、特別にそれだけを行うことも、衆院選か参院選のついでに行うこともできる。その承認には、過半数の賛成が必要である。

Ⅱ　改正案が国民投票で承認を受けたときは、天皇は、国民に代わって、新しい条文が今までの憲法条項と同じ効力をもつ規定として、すみやかに国民に知らせる。

【解説】硬性憲法とは

本条は憲法改正の手続きを定めます。

概略は、①国会による発議→②国民投票→③天皇による公布という流れです。普通の法律と比べて改正しにくくなっている憲法を硬性《こうせい》憲法といいます。通常の法律は、国会の過半数で成立し、また改正できます（59条Ⅰ項）。本条が、発議に3分の2が必要であること、その母数が出席議員ではなく総議員であること、国民投票が求められていることから、日本国憲法は硬性憲法です。

過半数による政治意思はときに過ちを犯します。それはナポレオン帝政やナチス・ドイツにみられるように歴史の示すところです。不正確な情報やムードに流され、少数派の人権を侵害するおそれがあるのです。硬性憲法は、多数派が犯しやすい過ちを防ぎ、少数派の人権を守るための工夫です。

ちなみに、国民投票で求められる「過半数」は、国民投票法によれば有効投票数の過半数です。有効投票数とは、実際の投票数から白票や判別不能な票などの無効票をのぞいた投票数です。しかしこれでは、もし投票率が30パーセントならば15パーセントの国民で憲法が変えられることになってしまうので、あわせて最低投票率も定めるべきです。

第10章　最高法規

第97条　基本的人権の本質

　この憲法が日本国民に保障する基本的人権は、過去幾多《いくた》の試練からわれわれの祖先が勝ち取ってきたものだから、その遺産の上に眠ることなく、絶えず努力して守っていかなければならない。

　このような人権は、公権力によって侵されてはならないものであるし、人間として生まれ、また生まれてくる現在および将来のすべての人に与えられる永久のものである。

【解説】人権は努力によって勝ち取られた

この条文は、基本的人権が人類の長い間の努力によって闘いとられたものであり、侵してはならないものとして、現在と将来の国民に保障されるものであることを宣言しています。人権を主張することは、今を生きる者の責任なのです。

ただ、本条の内容は、人権の総論部分に置かれた11条、12条と重複しています。そこから、本条は人権の最初に置かれるべき規定であり、「第10章　最高法規」に置くことは規定の位置を誤ったものだという考えもあります。

しかし、憲法は人権や自由を保障するための法ですから、章の冒頭で人権や自由の重要性を謳《うた》うことで、憲法がなぜ最高法規として、それに違反する法を認めないのか、その理由を明らかにするために、あえてここで同じことを繰り返したと考えるべきでしょう。

第98条　最高法規、国際法規の遵守《じゅんしゅ》

Ⅰ　この憲法は、国の法の中で最も強い効力をもつので、憲法の条文に違反するいっさいの法は、違反する部分について効力がない。

Ⅱ　日本と外国との合意や、現在の国際社会で一般に認められている国際法規は、誠実に守らなければならない。

【解説】憲法違反の国の行為に効力なし

Ⅰ項は、国のすべての活動が憲法に拘束されるとして、憲法の最高法規性を定めます。これは立憲主義の端的な現れです。個人の尊重をいちばん大事なものと考え、それを具体化するために基本的人権を保障し、それを守る手段として国会・内閣・裁判所など統治の仕組みを定め、そのような憲法を国家権力に守らせる。そのためには、憲法が最高法規でなければならないのです。

原文の「命令」とは、行政が作る法（指示する意味ではない）、「詔勅《しょうちょく》」とは、国会の召集詔書《ちょくしょ》のような天皇の意思を示す公文書、「国務に関するその他の行為」とは、ここに明記されていないあらゆる法です。条約が明記されていないのは、外国との関係を考えてのことです。違反するかどうかは最終的には最高裁判所が判断します（81条）。

Ⅱ項は、国際協調主義を定めます。戦前に連合国と協調せずに戦争を始めたことを反省し、国家間の合意や国際法規を守らせる狙いです。その反省が「誠実に」と表現されています。その趣旨からすれば「条約」とは、本来の「条約」（73条三号）のみならず、単なる政府間の協定も含めるべきです。なお「確立された国際法規」とは、国際法規が慣習や慣行として存在することも多いので、明白なものに限るという意味です。

第99条　**憲法尊重擁護の義務**

天皇、摂政、国務大臣、国会議員、裁判官その他すべての公務員は、この憲法の条文とその精神を守り、憲法違反があればそれに抗して憲法の実施に努めなければならない。

【解説】憲法は公務員が守るべきルール

本条は、公務員の憲法尊重擁護の義務を定めます（「摂政」「国務大臣」の意味については、5条、65条のそれぞれの「解説」参照）。立憲主義憲法は、憲法を国に守らせて権力をコントロールし、人権保障を確保する思想ですから、公権力の行使に携わる公務員が憲法を守るべきなのは当然のことです。

条文から明らかなように、この義務は国民には課せられません。これは立憲主義からは当然です。立憲主義は、国民が定めた憲法を権力に守らせる思想ですから、国民は義務を命じる側にあるのであって、命じられる側にはないからです。原文に「尊重し擁護する」というのは、単に条文を形だけ守ればいいという後ろ向きの態度でなく、その精神を含めて実質的に守り、憲法違反に抗《あらが》う態度も求める意味です。

第11章 補則

第100条 憲法の施行期日と準備

Ⅰ この憲法は、公布の日（1946年11月3日）から数えて6カ月たった日（1947年5月3日）から施行する。

Ⅱ この憲法を施行するために必要な法律を作り、参議院議員の選挙を行い、国会を召集するなどの準備は、Ⅰ項の施行期日前に行うことができる。

【解説】憲法の公布と施行の定め

Ⅰ項は、できた新憲法を国民に知らせた日（公布）と、実際に新憲法の効力が発生した日（施行）を定めています。

Ⅱ項は、憲法が施行される前でも、その準備作業を行うことができることを定めています。憲法の条文で、細かいことは法律で定めることにしている規定は少なくありません（たとえば47条）。その憲法規定が効力をもつのは、論理的には、施行された5月3日からですが、実際にスムーズに新憲法に移行できるように、施行日前に準備しておけることを定めたのです。

ただ実際にそれらの法律はすべて、明治憲法下の帝国議会の協賛と天皇の裁可《さいか》とによって制定され、それが日本国憲法の施行とともに効力をもつことになりました。参議院議員の選挙は、1947年2月24日に施行された参議院議員選挙法にもとづいて、同年4月20日に実施されましたが、国会の召集は5月20日になり、施行期日後になったため、Ⅱ項が実際に使われることはありませんでした。

第101条　参議院未成立の間の国会

この憲法を施行する際に、まだ参議院が成立していないときは、その間は衆議院だけで国会の活動を行う。

【解説】つかわれなかった条文規定

明治憲法の帝国議会は、衆議院と貴族院で構成され、民選の参議院はありませんでした。そこで、新憲法施行後、参議院が成立しない場合に備えて、衆議院だけで国会の役目を果たすことにしていました。しかし実際は、施行前に参議院の選挙が行われたので（100条「解説」参照）、この規定がつかわれることはありませんでした。

第102条　**第一期の参議院議員の任期**

新憲法下の最初の参議院選挙で当選した参議院議員のうち、その半数の議員の任期は3年とする。だれを3年任期の議員とするかは法律で定める。

【解説】参議院議員の任期と入れ替え

参議院議員の任期は6年で、3年ごとに入れ替えをします（46条）。そこで、第一期の参議院議員だけは、議員の半数を任期3年にし、その議員の任期満了のときから半数入れ替え制を行うしかありません。そのことを定めたのが本条です。6年議員と3年議員との振り分けは、参議院議員選挙法によれば得票数で振り分けられました。

第103条　公務員の地位

いままで国務大臣や衆議院議員、裁判官などの公務員の地位に就いていた人で、新憲法にもそれと同じ地位が置かれている場合は、特に法律の定めがない限り、新憲法が施行されても、同じ地位で仕事をする。

ただし、新憲法で後任者が選ばれれば、その人はその地位を失う。

【解説】**新憲法施行後の公務員の地位**

新憲法が施行されれば、本来ならばすべての公務員の地位がリセットされて、新しい憲法の下で選び直すのが論理的です。

しかし現実にはそこまでする必要がないことも多く、実際にも一度に入れ替えをすると、公務員の仕事が滞《とどこお》り、かえって国民が迷惑です。そこで本条は、原則として憲法の施行後も、いままでの公務員がその地位を保ち続けることにしました。

第2部
現代語訳
大日本帝国憲法

大日本帝国憲法は、１８８９年（明治22年）2月11日に公布され、１８９０年（明治23年）11月29日に施行、アジア初の近代憲法として、１９４７年（昭和22年）５月３日の現行憲法施行まで57年間、存続しました。

以下、大日本帝国憲法について、現代語に置き換えながら簡単にコメントしていきます。

なお、文中の「憲法義解《ぎかい》」とは、起草者の一人である伊藤博文《ひろぶみ》が１８８９年に著した解説書を、また「憲法撮要《さつよう》」とは、戦前の憲法学の第一人者である美濃部《みのべ》達吉《たつきち》が１９２３年に著した体系書を指します。

第1章　天皇

第1条　天皇主権

日本は、万世一系《ばんせいいっけい》の天皇によって統治される。

「万世一系の天皇」とは、今も昔も永遠に同じ血筋の天皇という意味です。日本は、永遠の天皇を君主とする国であるとして、君主国家を宣言するものです。

第2条　天皇の地位の継承

日本の天皇の地位は、皇室典範《こうしつてんぱん》の規定に従い、皇統《こうとう》（天皇の血脈）の男系の男性子孫が継いでいく。

皇位の継承について、憲法で男系天皇と定められていました。

現行憲法2条では、国会が皇室典範を改正して男系天皇を変更することができます。

第3条　天皇の不可侵《ふかしん》

天皇は神聖であり、侵すことはできない。

天皇は現人神《あらひとがみ》（神が仮に人の姿となってこの世に現れたもの）であり、侵すことはできません。臣民《しんみん》（君主国家の国民）は天皇を尊敬することが求められ、天皇に不敬《ふけい》行為を行えば処罰されました（旧刑法74条の不敬罪）。「不敬行為」とは、軽蔑することを言うなど、天皇の尊厳を害するすべての行為をいいます。戦争中はこの不敬罪が濫用されました。反戦思想が「陛下のための戦争」への不敬行為として弾圧されたのです。

また、天皇はその公務の責任、刑法上の責任も、問われません。

現行憲法1条は、天皇の地位を「国民の総意に基く」ものとし、天皇の人間宣言により神格性が否定され（1946年元旦）、不敬罪も廃止されました。

第4条　天皇の統治権

天皇は国家の元首《げんしゅ》であって、国家権力のすべてのはたらきをとりまとめる権限を

もち、憲法の規定に従って日本国を統治する。

天皇が、①国家元首であること、②統治権の総攬《そうらん》者であること、③立憲君主制によることを定めています。「憲法義解」によれば、三権分立のように統治権を総攬するものがいなければ国政は散漫になるが、国政が憲法の条規によって行わなければ専制になる、と説いています。現行憲法は、①国家元首に関する規定を置かず、②三権分立の原理を採用し、③立憲民主制をとっています。

第5条　天皇の立法権

天皇は、帝国議会の協力と賛同を得ながら、立法権を行う。

「立法」とは、臣民の権利を制限したり、義務を課することを定めたルールです。本条は、その立法権が天皇の大権に属すること、立法権を行使する際に必ず議会の協力と賛同を得ることを求めています。「憲法義解」によれば、議会が天皇に協力し賛同しながら立法権を行使することによって、国家の意思は強いものになると説明されています。

現行憲法では、国会中心立法の原則、国会単独立法の原則がとられています（41条）。

第6条　**法律の裁可《さいか》権**

天皇は法律を裁可し、公布し、執行を命じる。

本条は、法律に関する天皇の権限を定めています。議会の協賛を経て天皇が「裁可」することによって法律が成立します。裁可とは、議会が作った法律案を天皇が承認することです。成立した法律を「公布」、すなわち臣民に知らせることにより、臣民尊行《そんぎょう》の効力（国民に守らせる効力）が生じます。その法律を、政府が天皇の「命じる」ところに従って具体的事案に当てはめて執行します。

現行憲法7条一号では、内閣の助言と承認の下に、公布を行うのみにとどまります。

第7条　**帝国議会の召集・解散**

天皇は帝国議会を召集し、その開会、閉会、停会や衆議院の解散を命じる。

「停会」とは会議を中断することです。

現行憲法7条二号、三号では、召集と解散について、内閣の助言と承認の下に天皇が行うにとどまります。

第8条　**天皇の緊急勅令《ちよくれい》**

Ⅰ　**天皇は、公共の安全や秩序を保ったり、災害などを避けるために緊急の必要があるときには、帝国議会が閉会している場合において、法律に代わって勅令を出すことができる。**

Ⅱ　**この勅令は、次に開かれる帝国議会に提出しなければならない。もし議会がこれを承認しないときは、将来にわたってその勅令の効力が失われることを政府が公布しなければならない。**

本条は、緊急勅令を定めます。勅令とは、天皇が定めるルールです。国に緊急事態がおきて、しかも議会が開かれていないときに、すでに定めてある法律に代わるものとして緊急勅令を発することができます。「法律に代わる」とは、法律を変える力をもつことです。勅令を出すには、議会が開かれていなければ足り、臨時会を召集できるかどうかは問われません。

現行憲法は国会中心立法の原則（41条）によります。ただ、緊急事態の対処として、参議院の緊急集会の定めが設けられています（54条Ⅱ項、Ⅲ項）。

第9条　天皇の独立命令

天皇は、法律を運用するために、また公共の安全や秩序を保ち、臣民をより幸福にするために、必要な命令を出したり、出させることができる。ただし、この命令で法律を変更することはできない。

本条は独立命令を定めます。法律から独立して定めるルールなのでそう呼ばれます。緊急勅令と違い、法律に代わる力（法律を変える力）はもちません。

現行憲法は、国会中心立法の原則（41条）を定めるので独立命令は禁じられ、委任立法だけが認められます（73条六号）。

第10条　天皇の人事権

天皇は行政組織や公務員、軍人の制度と給与を定め、その任免も行う。ただし、憲法や他の法律で特例を設けた場合は、その条項に従う。

国家公務員の人事行政を行うことが天皇の大権であることを定めます。現行憲法73条四号は、それを内閣の職務としています。

第11条　天皇の統帥《とうすい》権

天皇は陸軍と海軍を統率する。

天皇に統帥権があることを定めます。統帥権とは、ここでは陸海・軍隊に指揮命令を発する権限です。作戦を考えて軍隊に指示を出すことであり、軍令《ぐんれい》権ともいいます。軍令は戦闘力を発揮することが目的なので、作戦の機密性を守り、かつ敏速に行動することが求められます。そこで局外の国務大臣を関与させず、陸軍参謀総長と海軍軍令部総長が補翼《ほよく》する（助けること。実際には委託していた）慣行で行われました。この体制のもとで、統帥権干犯《かんぱん》問題（1930年）をきっかけに政党政治を無視した軍が暴走し、戦争に突入していきました。軍令権をコントロールする制度を置かなかったことは、明治憲法最大の欠点です。

現行憲法では、軍隊をもたず（9条Ⅱ項）、また文民統制を定めています（66条Ⅱ項）。

第12条　**天皇の軍政権**

天皇は陸軍および海軍の編成や、常備軍の予算を決める。

軍政が天皇の大権であることを定めます。軍政とは、軍隊を編制し、軍事に関するいろいろな設備を整え、必要な負担を臣民に命じる行政作用です。これは、他の国務と同様に国務大臣による輔弼《ほひつ》（助け）を受けて行われていました。

第13条　**天皇の外交**

天皇は外国に宣戦布告を行い、講和条約を結び、その他の条約を締結する。

天皇は国家元首として国を代表する地位をもちます。ですから、戦争を始め、それを止め、その他の条約を結ぶことができます。それらのどれも、日本の国益のためにはタイミングが大事なので、天皇の大権として議会の協賛は不要とされました。

第14条　**天皇の戒厳《かいげん》**

Ⅰ　**天皇は戒厳を宣告する。**

Ⅱ　**戒厳の要件や効力は、法律で定める。**

戒厳の宣告が天皇の大権であることを定めます。「戒厳」とは、外国が日本に攻めてきたり、また国内で内乱が起きたときに、通常の法律を停止したり、司法や行政の一部を軍に任せて乗り切ることです。

第15条　**天皇の栄典授与**

天皇は爵位《しゃくい》や勲章、その他の栄典を授与する。

現行憲法7条七号参照。

第16条　**天皇の恩赦《おんしゃ》**

天皇は、恩赦を与えて罪人の罪を許したり、減刑によって刑を軽くしたり、復権させたりする。

現行憲法7条六号参照。

第17条　摂政《せつしよう》

Ⅰ　摂政を置く場合には皇室典範の定めに従う。

Ⅱ　摂政は、天皇の代理として、天皇の持つ権限を行使する。

現行憲法5条参照。

第2章 臣民の権利と義務

第18条 臣民の条件

日本臣民であることの条件は法律で定める。

現行憲法10条参照。先に触れましたが、「臣民」は君主国家の国民を指します。

第19条 公職就任権

日本臣民は、法律や命令によって定められた資格に応じ、誰もが平等に公務に就くことができる。

公務員になるには、法律や命令で定めた年齢や納税要件、試験の合格点などを充たせば出身などで差別されないことを定めます。

現行憲法では直接の定めがありませんが、14条I項は政治的な差別を禁じ、44条は国会議員になる資格を差別してはならないとしています。

第20条　**兵役の義務**

日本臣民は法律の定めに従って、兵役に就かなければならない。

21条とともに臣民の義務を定めます。明記された義務はこの二つだけですが、「憲法撮要」によれば、いずれの義務も法律で具体的な義務内容を定める必要があるので明記したのであり、これに限定する意味ではありません。

第21条　**納税の義務**

日本臣民は法律の定めに従って、税金を納めなければならない。

20条とともに臣民の義務を定めます。

第22条　**移動の自由**

日本臣民は法律の範囲内で、居住と転居の自由をもつ。

明治憲法の自由権規定に共通する重要な特徴は、それが「法律の範囲内において」保障されることです。これを「法律の留保」といいます。

すなわち自由権の保障は、原則として行政権と司法権に対する制限であるにとどまり、立法権に対する制限ではありません（「憲法撮要」）。そのため、法律に拠りさえすれば、原則としてどのようにでも自由権を制限できました。これに対して現行憲法98条Ⅰ項は、人権を保障した憲法が最高法規であり、それに反する法律は無効としています。なお、本条の移動の自由は現行憲法22条が保障しています。

第23条　人身の自由・罪刑法定主義

日本臣民は法律によらないで、逮捕、監禁、審問、処罰されない。

逮捕とは、身体の拘束、監禁とは場所の拘束をいいます。審問とは臣民に陳述を義務づけてしゃべらせることをいいます。現行憲法では、31条、33条などが関連します。

第24条　**裁判を受ける権利**

日本臣民は、法律に定められた裁判官による裁判を受ける権利を奪われることはない。

現行憲法32条参照。

第25条　**住居の不可侵**

日本臣民は、法律に定められた場合を除いて、許可なく家に入られたり、捜索《そうさく》されたりはしない。

現行憲法35条参照。

第26条　**信書の秘密**

日本臣民は法律で定められた場合を除いて、信書の秘密を侵されることはない。

現行憲法21条Ⅱ項参照。

第27条　所有権

Ⅰ　**日本臣民は所有権を侵されることはない。**

Ⅱ　**公共の利益のために所有権の制限が必要なときは、法律によって定める。**

現行憲法29条参照。Ⅰ項で「所有権」とありますが、これは広く財産権の意味です。Ⅱ項は公用収用や公用制限を定めており、現行憲法29条Ⅲ項に対応します。

第28条　信教の自由

日本臣民は、社会の秩序を乱さず、臣民の義務に違反しない限り、信教の自由をもつ。

信教の自由は、他の自由権と異なり「法律の留保」がなく、立法権をも拘束する形式で定められていました。

ただ、礼拝や儀式、布教などを行う際には、やり方によっては社会の秩序を乱すおそれがあります。また、特定の宗教を信仰しているからといって「税金は信仰上払わない」などと言わせるわけにはいきません。そこで「安寧《あんねい》秩序を妨げず及び臣民たるの義務に背《そむ》かざる限り」という留保がつけられました。ただ、特に戦時中には、神社神道が事実上の国教として扱われるようになり、神道以外の信教の自由は大幅に制限されていきました。

第29条　**言論・出版・集会・結社の自由**

日本臣民は法律の範囲内で、言論、出版、印刷・発行、集会および結社の自由をもつ。

現行憲法21条参照。

第30条　**請願《せいがん》権**

日本臣民は、相当の敬礼を守り、別途決められた規定に従って請願をすることができる。

現行憲法16条参照。請願令（１９１７年）によれば、請願は文書で郵送すること、天皇宛ての請願は内大臣府に宛て、それ以外は請願したことを役所宛に差し出すなどがルール化されていました。「相当の敬礼を守」るとは、請願内容が暴言や脅迫的な言説にならないように（「平穏に」）という意味でしょう。

第31条　非常大権

本章の臣民の権利は、戦争中やそれに準じる事変があった場合において、天皇大権を行うことを妨げない。

非常大権を定めます。戦時やそれに準じる国家事変のときには、軍事に必要な限度で、法律に拠らずに、軍隊が直接に臣民の自由を拘束できるとする規定です。

第32条　軍人の権利

本章の臣民の権利は、陸海軍に関する法令や規律に反しないものに限り、軍人にも適用される。

軍は規律を厳しくしないと戦闘力が弱まってしまいます。そこで一般人と同様に自由権を認めるわけにはいかず、軍法軍令に反しない限りでそれを認めるという意味です。

第3章　帝国議会

第33条　二院制

帝国議会は、貴族院《きぞくいん》と衆議院の両院で成り立つ。

現行憲法42条参照。

第34条　貴族院の議員

貴族院は貴族院令の規定に従って、皇族《こうぞく》や華族《かぞく》および天皇に任命された議員で組織する。

貴族院議員は、世襲であると勅任《ちょくにん》であるとを問わず上流社会の代表であり、政党政治のように党派的に偏《かたよ》らず、中立でバランスのとれた判断をすることが期待されていました。

第35条　**衆議院の議員**

衆議院は選挙法の定めに従って公選された議員で組織する。

貴族院に対して衆議院は公選議員で組織されます。衆議院議員は全国民の代表であり、その所属選挙区の人民のために一地方の委任吏となり、委嘱《いしょく》を代行するものではありません（憲法義解）。現行憲法43条、47条参照。

第36条　**両院の兼務の禁止**

誰でも同時に両議院の議員になることはできない。

現行憲法48条参照。

第37条　**帝国議会の立法権**

すべての法律は、帝国議会の協力と賛成を得る必要がある。

立法権は天皇に属するが（5条）、法律が成立するには帝国議会の協賛が必要だとするものです。
現行憲法は、立法権は国会に属し、他の機関の関与なしに法律を作ることができるとします（国会単独立法の原則。41条）。

第38条　**法律案の審議権と提出権**

両議院は、政府が提出した法律案について議決し、またそれぞれの議院が法律案を提出することもできる。

現行憲法では、政府の法律案の提出権について明文がありませんが、認められるとの考えが支配的です。明治憲法では本条で認められていました。

第39条　**一事不再議**

両議院の一方で否決された法律案は、その同じ会期中には再提出することはできない。

一事不再議、すなわち同じ審議を繰り返さず、議会が円滑で一貫した運営を行うことを求めています。現行憲法でも明文はないが認められています。

第40条　政府への建議《けんぎ》

両議院は、法律またはその他の事件について、政府に意見を言うことができる。ただし、政府がそれを採用しなかったときには、その会期中に同じ意見をくり返し言うことができない。

政府に院の意見や希望を言うことを「建議」といいます。議院は、自ら法律を起案することができますが、成案を備えずに政府に意見と希望だけを言って、政府に起案してもらい、政府の知恵を借りることもできることを認めるものです。さらに議会は、政府を監視する役目をも負っているので、法律以外の「その他の事件」についても、意見を政府に言うことができます。ただし書きは、一事不再議と同じ趣旨です。

第41条　常会《じょうかい》

帝国議会は毎年召集される。

常会の定めです。天皇大権である召集に、「毎年」開く形の制限を加えるものです。現行憲法52条参照。

第42条　会期と延長

帝国議会の会期は3カ月とする。必要な場合には、勅命によって会期を延長することができる。

現行憲法下の常会の期間は150日ですが、延長を含めて国会法が定めています。

第43条　臨時会

Ⅰ　臨時・緊急の必要がある場合は、臨時会を召集することができる。

Ⅱ　臨時会の会期は勅命で定める。

常会は、予算審議との関係で冬に開かれるので、それ以外の時期に臨時会が開かれることになります。現行憲法53条参照。

第44条　同時活動の原則

Ⅰ　帝国議会の開会、閉会、会期の延長および停会は、両院同時に行われなければならない。

Ⅱ　衆議院が解散された時には、貴族院も同時に停会しなければならない。

会期が両院に対して同一であることを定めます。現行憲法で同じです（54条Ⅱ項本文）。

第45条　衆議院の解散

衆議院が解散を命じられた時は、勅令によって新たな議院の選挙を行い、解散の日から5カ月以内に議会を召集しなくてはならない。

解散から新議院を召集するまでの期間を決めておかないと、いつまでも議会が開かれないことになりかねないので、その期間を定めて天皇の召集権に歯止めをかけました。現行憲法（54条Ⅰ項）よりもかなりゆっくりしています。

第46条　**議会の定足数**

両議院は、それぞれの議員数の3分の1以上の議員が出席していなければ、議会で審議し議決することはできない。

議会の定足数を定めています。次条とともに現行憲法56条と同内容です。

第47条　**表決《ひょうけつ》**

両議院の議事は（出席議員の）過半数で決まる。可否が同数の時には議長が決める。

現行憲法56条と同じです。

第48条　**会議の公開**

両議院の会議は公開する。ただし、政府の要求や、各議院で決議した時は、秘密会とすることもできる。

現行憲法にも同旨の規定があります（57条）。

第49条　上奏《じょうそう》

両議院はそれぞれ天皇に意見や希望を伝えることができる。

本条は両院による上奏を定めます。「上奏」とは、天皇に意見や希望を伝えることです。

第50条　請願の受理

両議院は、臣民から提出される請願書を受け取ることができる。

30条の請願権に対応する規定です。受理して適正に処理すれば足り、会議に諮《はか》る義務などが生じないのは現行憲法の請願権（16条）と同じです。

第51条　規則・制定権

両議院は、この憲法や議院法で決められたもの以外に、議会の運営や議事進行に必要な諸規則を定めることができる。

現行憲法58条Ⅱ項参照。

第52条　免責特権

両議院の議員は、議院における発言や表決について議院以外で責任を問われることはない。ただし、議会の外で自ら演説したり、執筆、出版などして自分の意見を表明した場合には、一般の法律に従って責任を問われる。

現行憲法51条と同様に、議員の免責特権を定めます。個々の法的責任を負わないようにして、発言や表決を自由にできるようにする狙いです。

第53条　不逮捕特権

両議院の議員は、現行犯の時や内乱罪、外患《がいかん》罪（国家の対外的安全を害する罪）にあたる時以外は、会期中には所属議院の許可なく逮捕されることはない。

現行憲法50条とほぼ同じです。

第54条　出席と発言の権利

国務大臣と政府委員は、いつでも各議院に出席し、発言することができる。

大臣やその関係者が政治について国会に出席し、政権運営などについて弁明できるようにしました。「憲法義解」によれば、万衆に心胸《しんきょう》（むねのうち）を開いて正理を公議に訴えるためだとされています。現行憲法は、議院内閣制の下に、大臣の出席権のみならず、その出席義務も定めます（63条）。

第4章

国務大臣および枢密顧問

第55条　大臣助言制

Ⅰ　各国務大臣は天皇に助言し、実務を行ってその責任を負う。

Ⅱ　すべての法律、勅令、その他の国務に関する詔勅には国務大臣の署名が必要である。

明治憲法では行政権を、国務大臣の輔弼（助け）を受けて天皇が行っていました。国務大臣は、天皇が仕事をする際に、大権を輔弼し、その責めを負います。輔弼とは、正確には、意見を具申《ぐしん》して（詳しく述べて）大権が過誤なく行使されるようにすることです。ですから、天皇大権というのは、独断専行で用いられる権限ではなく、原則として国務大臣の輔弼をまってこれを行うことが憲法で要請されているのです（ただし11条の陸海軍の統帥は除く）。

第56条　枢密《すうみつ》顧問

枢密院の顧問は、枢密院管制の規定に従って、天皇の諮問に答え、重要な国務について審議する。

枢密院は天皇の顧問として、国務大臣とともに天皇の仕事を助ける役割をもつ合議体です。摂政をおいたり、憲法改正の勅令、戒厳の宣告、緊急勅令を発する場合のように、重要な決めごとをするには枢密院で審議しなければなりません。「枢密院官制」とは、枢密院の組織や事務について定めた勅令です。

第5章　司法

第57条　司法権

Ⅰ　**司法権は天皇の名において、法律に従って裁判所が行使する。**

Ⅱ　**裁判所の構成は法律で定める。**

ここでの「司法権」は、民事と刑事の裁判を指します。明治憲法では、民事と刑事の裁判を行う裁判所を通常裁判所といいました。これに対して行政裁判は、この「司法」には含まれません（61条）。「天皇の名において」とは、司法権も本来は天皇の大権事項だが、それを天皇に代わって行うという意味です。現行憲法は、行政裁判所を廃止し、一切の事件を通常裁判所で扱うことにしています（76条1項）。

第58条　裁判官

I　**裁判官は、法律で定める資格を備えた者からこれを任ずる。**
II　**裁判官は、刑法の宣告や懲戒《ちょうかい》処分を受けた場合以外は、やめさせられない。**
III　**懲戒に関する規定は法律で定める。**

裁判官は、法律で定めた資格をもつ人から選ばれます。一度裁判官になれば、刑罰や懲戒による場合以外、やめさせられません。現行憲法78〜80条に対応します。

第59条　**裁判の公開**

裁判の対審と判決は公開する。ただし、社会の秩序や風俗を害するおそれがある時は、法律や裁判所の決議によって、対審を非公開にできる。

裁判の公開原則を定めます。現行憲法82条とほぼ同じ内容です。

第60条　**特別裁判所**

特別裁判所で裁判を行うべき事件が何かは、法律でこれを定める。

民事・刑事裁判は通常裁判所で行われる（57条）のに対し、たとえば軍人の軍律違反の裁判は軍法会議という特別裁判所で行われます。特別裁判所で裁くべき事件が何かは法律で決められます。

第61条　行政裁判所

行政官庁の違法な処分によって臣民の権利を侵害された事件は、法律で定めた行政裁判所でその裁判を行い、司法裁判所では受理しない。

明治憲法では、たとえば間違った税額の課税処分を受けるなどの行政事件の裁判は、通常裁判所とは別系統の行政裁判所が行っていました。その理由は、「憲法義解」によれば、司法権の独立と同様に行政権にも独立性が必要であり、行政事件を通常裁判所が裁けば、司法が行政を監督することになるからです。現行憲法は、一切の事件について通常裁判所が裁判できることとし、特別裁判所を禁止しています（76条Ⅰ項、Ⅱ項）。

第6章　会計

第62条　課税

Ⅰ　新しく税を課したり税率を変更する場合は、法律で定める。

Ⅱ　ただし、政府の事業や事務に対する対価や手数料、収納金は、法律で定める必要はない。

Ⅲ　国債を発行したり、予算に定めていない国庫負担が必要となる契約をする時には、議会で審議し、可決されなければならない。

Ⅰ項は租税法律主義を定めます（現行憲法84条）。「租税」が臣民から強制的に無償で徴収するのに対して、Ⅱ項は、たとえば鉄道の運賃、倉庫料、学校の授業料などのように強制でも無償でもない金銭徴収について、行政命令で定めてよいとする意味です（憲法義解）。現行憲法の下では、Ⅱ項のような手数料などにも、法律または国会の議決が必要とされています（財政法3条）。Ⅲ項は、現行憲法85条に対応しています。

第63条　**永久税主義**

現行の租税は、法律によって変更しない限り、従前の通り徴収する。

永久税主義を定めます。いったん法律を定めれば、変更する法律がない限り、毎年引き続いて租税を徴収し得ることをいいます。これに対して毎年その年の課税に国会の議決を求めることを一年税主義といいます。明文はありませんが現行憲法も永久税主義です。

第64条　**予算**

Ⅰ　**国家の歳出・歳入は、年度毎に予算として議会の協賛を経なければならない。**

Ⅱ　**支出が予算の項目の額から超過したり、予算外に支出した時は、後日議会の承諾を求めなければならない。**

Ⅰ項は、予算に対して議会の協賛を求めます（現行憲法73条五号）。

Ⅱ項は、想定外の支出に議会の事後承認を求めています。現行憲法にはない規定です。

第65条　**予算先議権**

予算はまず先に衆議院に提出しなければならない。

衆議院の予算先議権です（現行憲法60条Ⅰ項）。

第66条　**皇室の経費**

皇室の経費は現在の定額を毎年国庫から支出するものとし、増額する場合を除いては、議会の承認を必要としない。

予算に帝国議会の協賛を必要とする64条の例外として、皇室の経費は議会の協賛を必要としません。天皇の尊厳を保つためには、何に経費を充てたかをあからさまにすべきではないと考えられたからです（憲法義解）。ただ、増額する場合には、その経費が臣民の負担する租税と密接な関係をもつので、議会の協賛を求めて折衷《せっちゅう》的な処理をしています。

第67条　**予算削減に関する政府の合意**

憲法上の天皇の大権を行うのに必要な歳出や、法律の結果による歳出、政府が法律で課せられた義務を果たすのにかかる歳出などは、政府の同意がなければ、議会が排除したり削減したりできない。

行政と財務は、憲法と法律にコントロールされる関係にあります。ですから、予算を審議する議会は、憲法や法律でどういう支出が必要になるかを見通して審議をする必要があります。そのことを明らかにしたのが本条です。「大権を行うのに必要な歳出」には、行政各部の官制や軍隊の編成費用、文武官《ぶんぶかん》の俸給など、「法律の結果による歳出」には、議院の費用、議員の歳費や手当など、「政府が法律で課せられた義務」には、国債の利子や賠償金の支払いなどがあります。

第68条　継続費

特別の必要がある場合に、政府はあらかじめ年限を決め、複数年にわたる継続費について、議会の協賛を求めることができる。

予算は本来1年単位で承認されますが、戦争にかかるお金や数年にわたる大規模な工事などのために、その例外を認める規定です。

第69条　**予備費**

避けられない予算不足を補い、また予算外の支出に充てるため、予備費を設けなければならない。

予算は見積もりだから、予算を超過して支出したり、予算外のことに支出することもあります。それに備えて、予備費を設けることを義務づけています。現行憲法でも予備費の制度はありますが、義務ではありません（87条）。

第70条　**緊急財政処分**

Ⅰ　**公共の安全を保つために緊急に必要であり、かつ国内外の事情によって議会を招集することができない時は、勅令によって財政上必要な処分を行うことができる。**

Ⅱ　**前項の処置が行われた場合には、その後に開かれた議会に提出して承諾を得る必要がある。**

緊急財政処分の定めです。すなわち、緊急事態で必要とされる財政支出を、議会の協賛なしにできることにしました。「議会を招集することができない」ことが要件になっているので、臨時会を召集できるときに行うことはできません。この点が、緊急勅令の場合とは異なります（8条）。現行憲法では、正面からこれを認めた規定はなく、基本的に臨時会を召集するか、参議院の緊急集会で対応するものと考えられます。

第71条　**前年度予算執行**

議会において予算が議決されなかったり、可決されなかった場合には、政府は前年度の予算を執行しなければならない。

予算が執行できなければ、政府機能は麻痺《まひ》し、国家が廃絶しかねません。そこで、予算が可決されない異常事態に備えて、前年予算を執行することにしました。

第72条　**決算、会計検査院**

Ⅰ　**国家の歳出歳入の決算は、会計検査院が検査し、政府はその検査報告と一緒に**

その決算を議会に提出しなければならない。

Ⅱ　会計検査院の組織や職権については、法律で定める。

現行憲法90条参照。

第7章
補足

第73条　改正の手続き

I　将来この憲法条項を改正する必要がある時は、勅命によって議案を帝国議会に提出しなければならない。

II　この場合、両議院はそれぞれ、総議員の3分の2以上が出席しなければ審議することができない。出席議員の3分の2以上の賛成がないと改正の議決をすることができない。

憲法改正手続きを定めます。天皇が勅命によって議会に提案する点、および国民投票を求めていない点が現行憲法と異なります（96条）。国民投票を要せず、議会の3分の2以上の賛成で憲法が改正されるのはドイツ憲法に似ています。

第74条　皇室典範の改正と憲法との優劣

Ⅰ　皇室典範の改正は帝国議会での審議を必要としない。

Ⅱ　皇室典範によって憲法の規定を変更することはできない。

皇室は臣民に開かれている必要はないと考えて、皇室典範の改正を皇族会議と枢密院顧問に付することで行い、議会の審議にのせないことにしました。

Ⅱ項は、皇室典範が憲法を変えることができないという当然のことです。

第75条　摂政による改正制限

憲法と皇室典範は、摂政が置かれている間は変更することができない。

摂政は、異常事態に置かれる天皇の代理人であり、天皇ご本人がいない間に憲法や皇室典範を変えるのは不適切と考え、このような規定が置かれました。

第76条　憲法に矛盾しない法令の効力

Ⅰ　法律・規則・命令やその他の名称を用いているものも、この憲法と矛盾しない現行の法令はすべて効力をもつ。

Ⅱ　歳出に関係して、政府が義務を負う現在の契約や命令は、すべて第67条の定め通りに扱う。

明治憲法以前から存在した法も、この憲法と矛盾する内容でなければ、いちいち定め直さずに効力をもつとしています。

＊

こうして見てくると、現行憲法と明治憲法は多くの部分で似ていることがわかります。また、天皇主権とはいっても、専制君主にならないように憲法でその権力行使をコントロールすることに十分な配慮が払われていることもわかります。

ただ、そうはいっても、重要な部分でかなりの違いもあります。その違いを整理してみましょう。

国家権力の作用については、明治憲法では、天皇が統治権の総攬者として集中行使したのに対して、現行憲法では、立法・行政・司法の三権に区別・分離して、国会・内閣・裁判所に帰属させることとしました（三権分立）。

戦争については、明治憲法では統帥権の独立の下、皇国史観を背景にして、台湾出兵（1874年）から71年間戦争しつづけましたが、現行憲法は戦争放棄・戦力不保持・交戦権否認の平和三原則のもと、60年以上戦争せずにすごしてきました。

人権については、明治憲法では臣民の権利、つまり天皇に支配されている臣民の権利として法律の留保がつき、法律でどうにでも制限できましたが、現行憲法では天賦《てんぷ》人権、つまり人であること自体によりもつ権利として、法律からも侵し得ないものとされました。

平等については、明治憲法では、華族・財閥・大地主が権勢をふるう反面、大勢の貧農が放置されましたが、現行憲法は貴族制度を廃止し、財閥を解体し、農地改革で平等に生存を保障する国になりました。

宗教については、戦前は神社神道が事実上国と結びついて軍国主義を推進しましたが、戦後は政教分離によって政治と宗教が切り離されました。

教育については、明治憲法下では、神である天皇に命を捧げることを価値とする教育勅語《ちょくご》を通じて国が介入しましたが、現行憲法では、国の介入を禁じて子どもの学習権を保障し、子どもが自由かつ独立の人格として成長できるようにしました。

地方政治については、戦前は、都道府県が政府の出先機関でしたが、戦後は地方自治制が憲法で保障され、集権的な中央政府からの干渉を排除しました。

このように、平和と人権のような重要部分について、新旧両憲法には違いが少なくないのです。

訳者解説

自由民主党が政権与党になって以降、政治の世界では憲法に関する議論が活発化しています。

†本書の意図

96条の改正手続きをめぐってなされたのは、「憲法をもっと改正をしやすくして国民の手に憲法を取り戻すべきだ」とか、「いや改正手続きの緩和は9条改正を狙った『裏口入学』のようなものだ」とかいう議論でした。自民党が2011年4月に示した憲法改正草案では、憲法で国防軍を設けることにしています。これについては、「軍を民主的にコントロールしているから戦前のようなことにはならない」とか、逆に「そうなれば徴兵《ちょうへい》制が導入されるのではないか」と懸念する声もありました。

最近では、集団的自衛権の行使について、憲法を改正せずに解釈の変更によってこれを容認する「解釈改憲」や、国家安全保障基本法のように、集団的自衛権の行使を内容に含めた法律も新たに定められました。違憲の法律を定めて、憲法違反を既成事実化するものですから、これは「立法改憲」ということができます。

民主主義の憲法の下では、日本の政治の方向を決めるのは私たち自身です。その政治の根本にある憲法について、その改正の動きをどう受けとめればよいかという問題は、日本の国とその将来を真剣に考える人ほど気になるところです。

ところが、与野党の幹部やテレビに出てくる有識者の話をきいてみても、また新聞を読み、ニュースを見聞きしてみても、何が問題なのかすとんと腑《ふ》に落ちてわかった気がしないことも少なくないのではないでしょうか。こと憲法に関しては、それぞれのイデオロギー的な立場からのメッセージであることも少なくないので、誰かの意見を鵜《う》呑みにするのも落ち着きが悪いものです。いざ、自分の頭で理解しようと報道や解説本を読んではみても、たしかにその「部分」はわかるけれども、「全体」を視野に入れながら自分の頭で考えるまでには、なかなか至らないものです。

もし憲法改正で国民投票が行われれば、私たち自身が、憲法改正案として示された条文を十分に理解して、賛否を表明しなければなりません。そのためには、その元になる現行憲法の条文を理解していること、どこがダメなのかがわかることが当然の前提になります。日本の政治を真剣に考えようとする人ほど、憲法の条文をわかるようになりたいと思うのではないでしょうか。

そのためか、最近では憲法に興味をもつ人が増えているようです。憲法の条文を一度通して読みたい、憲法の条文がわかるようになりたいという人たちが、憲法の条文に写真をちりばめたものや、憲法全体を通じて軽いタッチで書かれた書物を手に入れて読まれているようです。

ただ、条文だけの書物ですと、くり返しいつでも読むことができるのですが、解説がないので、わからないところはそのまま残ります。逆に、軽いタッチで書かれたものは、わかりやすさを追求するあまり、正確でなくなってしまったり、条文から離れてしまうものも見受けられます。それはそれで存在意義はあるのですが、やや物足りなさも残ります。憲法の議論にしろ、憲法改正の国民投票で賛否を表明するにせよ、要は憲法の条文を踏まえて自分の意見を整理してまとめることが必要です。憲法に定めてある大まかな内容ではなく、条文に書いてある意味がある程度正確にわかるようになりたいと思うのは自然なことです。

この本は、そのような日本国憲法の条文を、なるべくその表現に則して、読んでわかるように「翻訳」し、さらに条文の言葉の意味やその条文がなぜ定められたか（「趣旨」）を「解説」で説明してみました。

日本国憲法の条文は、ひらがなで書かれているとはいえ、特に前文などは一つの文章が長いうえに、重文であるために主語と述語との対応が複雑であり、しかも翻訳調でわかりにくいと言われています。また、短期間で作られたせいか、条文で使われる言葉が綿密《めんみつ》に検討されていない部分もあります。さらに人権保障規定では、「学問の自由は、これを保障する」というように、簡潔すぎて何を保障しているのかわからないものも少なくありません。加えて、「……については法律で定める」というように、付属法令で具体的内容を定めることもあります。

そこでこの本では、用語を脚注で示すやり方ではなく、訳文を読めば実際にルールとして通用している憲法を知ることができるようにしました。それをふまえて解説で、その条文がなぜ設けられたのかを掘り下げながら、実際の条文の言葉を説明しています。ここまでくれば、条文を読んでその意味がわかるようになるのではないかと考えています。

†明治憲法から日本国憲法への流れ

ところで、憲法を理解するにはコツがあります。コツといっても、テクニカルな技術ではありません。憲法の本質とかかわるコツです。憲法は一夜の思いつきによってできたような条文は一つもなく、長い歴史を踏まえてできたものがほとんどです。ですから、大きな歴史の流れをふまえて憲法を理解するのがコツです。

歴史軸の一つは、明治憲法から日本国憲法へという流れです。日本国憲法は、明治憲法のもとで戦争への突入を避けられなかったことの反省に立って定められました。ですから、日本国憲法を理解する鍵は、明治憲法の反省にあります。本書第1部の「解説」で、なぜそのような条文が置かれたかということについて、明治憲法との比較を説明したのはそういう理由です。また、第2部で、現代語に置き換えた明治憲法の条文と簡単なコメントを掲載したのも同様です。

憲法改正問題を考える際にも、現行の憲法だけでなく、その前の明治憲法と比較することは、自分の考えを整理するうえで非常に有益です。もちろん、明治憲法も先人たちが日本の国のあり方を綿密に考えて作られたものであり、批判するだけに終わらせるのは正しくありません。しかし、特に統帥《とうすい》権の独立を中心として戦争を避けられなかったことは事実ですし、その点から日本国憲法を捉える視点は、憲法の理解に必要不可欠です。

†近代国家から現代国家への流れ

もう一つの歴史軸は、近代以前から近代、そして現代へという世界史的な流れです。ごく大づかみでかまいませんが、世界史の知識をもっていることは憲法を理解するのに有益です。中世ないし絶対王政のもとで、ヨーロッパの各国ではどのような政治が行われていたか、それに対して18世紀ヨーロッパの市民たちは何を求めて市民革命を起こしたか。近代市民革命の前後の大まかな理解のうえに憲法の条文を捉えてみることです。

その鍵を握る最も重要な言葉が「立憲主義」です。さらに、そのようにして自由主義を徹底していった結果、19世紀末頃から貧富の差が拡大し、階級対立が激化していったために、各国はその対応に迫られるようになります。20世紀の現代国家は、社会的・経済的弱者の保護に積極的に介入する積極国家ないし福祉国家です。また、そのことにより行政の領域が極めて大きくなり、その裁量も拡大しています。それが近代国家から現代国家へという大きな流れです。

†知られていない「立憲主義」

明治憲法は、主権者である「天皇の大権をコントロールする」ことを明記しています（4条）。このような国家制度を「立憲君主制」といいます。また、市民革命後の自由主義諸国における憲法は、大半が「立憲民主制」です。いずれの歴史軸においても、この立憲主義は、憲法を理解するうえで最も重要なことばです。そこで以下、これについて立ち入って解説しましょう。

憲法の前文には、人権尊重主義、平和主義、国民主権主義が記されています。この日本国憲法の三大原理は学校教育でも教わります。しかし立憲主義は教わりません。今の憲法ができたときに「あたらしい憲法のはなし」という小冊子が無料で配布されました。護憲派の人が非常に大切にしており、9条の説明などについてはわかりやすく書かれています。この憲法を私たちはみんなで護《まも》っていこうという話がずっと続いていますが、やはり立憲主義の話は一切出てきません。

憲法学者も、立憲主義の重要さは当たり前すぎるからなのか、改めて説明されることは少なかったように思います。私は、30年以上前に法曹《ほうそう》養成に携わりはじめた当初から、「憲法の価値は個人の尊重（尊厳）にあり、憲法は国家を縛るための道具だ」と言い続けてきました。15年ぐらい前からは、立憲主義のポイントを誰でも理解できるように、「法律と憲法では矢印の向きが逆だ」と説明してきました。法律は国民の権利を制限したり、義務を課するものです。これに対して、憲法は、国民が国に守らせるためのものです。国が国民に命令するのが法律であるのに対して、国民が国に命令するのが憲法なので、その関係を「矢印の向きが逆だ」と言ってきたのです。誰に向けられた法か、つまり法の名宛人がまったく違うという本質を理解してもらいたかったのです。

法律家からは「そんなに単純なものではない」などとも批判されました。しかし、正確であるかもしれないけれども複雑な説明をしても、憲法の大筋を多くの人に理解してもらうことはできません。言い続けたことでようやく最近は、少しずつ立憲主義も多くの人に浸透してきつつあるようです。とはいえまだまだ不十分で、いわゆる護憲派の人たちが集まる9条の会などで講演すると、いまだに初めて聴いたと言われます。それは知る機会がなかったのですから、無理のないことです。

†立憲主義とは何か

しかし、近代憲法の存在理由でもある立憲主義こそ、憲法で最も大事なキーワードです。日本国憲法は、イギリス、アメリカ、フランスなど、近代立憲主義諸国の憲法の本流を引き継いでいます。そこでは「個人の尊重」を基本的な価値とし、ひとりひとりの個人の幸せを守るために、市民の間で政府を組織したと考えます。

これは、イギリスのジョン・ロックという思想家がつくり出した「自然権思想」に基づく説明です。人は生まれながらに生命・自由・財産の権利、すなわち「自然権」をもっており、これを守るために、市民が契約によって政府をつくりあげた。そして、この契約による政府が正しく機能しないときに、市民はこれに抵抗する権利をもっている、という考え方です。「自然権」「契約による政府」「抵抗権」という三つの基本的な考え方から成り立つ、国民と国家の関係の説明の仕方というわけです。このロックの自然権思想が初めて具体化された憲法は、1776年7月4日のアメリカ独立宣言です。

このように、政府の権力は国民との契約にもとづくものですから、その権力を行使するときにも契約に拘束されることになります。この契約にあたるものが憲法であり、この仕組みこそが立憲主義です。すなわち立憲主義とは、すべての人々を個人として尊重するために憲法を定め、それを最高法規として国家権力を制限し、人権保障をはかる思想です。

さて、国王が横暴を働くおそれのある中世ならいざしらず、民主主義の現代において、なぜ立憲主義が必要なのでしょうか。

民主主義国家では、国民の多数意思に従って政治的なものごとが決められていきます。日本の政治制度もそうです。選挙で多数を占めた政党が国会の多数派になって立法権を担い、そこで国の政策の根幹が決定されます（41条）。内閣総理大臣もそこで選ばれます（67条）。内閣総理大臣は国務大臣を選んで内閣を組織して行政権を担います（68条）。その内閣は裁判官を選び（6条Ⅱ項、79条Ⅰ項）、裁判所が司法権を行使します（76条Ⅰ項）。つまり、国会、内閣、裁判所という権力の担い手は、国民の多数意思を反映しているのです。

では、多数意思は常に正しいのでしょうか。時々の多数意思が過《あやま》ちを犯す危険をもつことは、ナポレオン帝政やナチスドイツに見るように歴史の示すところです。国民の多数が熱狂的に戦争を支持した戦前の日本も同様でした。イラクに大量破壊兵器があるという情報を信じたアメリカ国民は、当時のブッシュ大統領を支持し、イラク戦争が始まりましたが、大量破壊兵器は見つかりませんでした。不正確な情報に踊らされ、ムードに流され、目先のことしか見えなくなり、冷静で正しい判断ができなくなる危険性が、私たちの社会にはいつも潜《ひそ》んでいるのです。

それを避けるためには、そのような人間の弱さに着目する必要があります。すなわち、そのような多数意思に基づく行動に、あらかじめ歯止めをかける仕組みを用意しておかなければなりません。その仕組みこそが憲法なのです。多数決で決めるべきこともあるけれども、多数決で決めてはいけないこともあります。多数決でも変えてはならない価値を前もって憲法の中に書き込み、民主的正当性をもった国家権力をも制限するのが立憲主義という法思想なのです。

この立憲主義の思想は、生まれは17、18世紀だとしても、人間の弱さという本質に着目しているものである以上、民族を越えて、時代を越えて、妥当する考え方です。決して現代社会においては古くなってしまった昔の考え方ではないことを確認しておきます

†護憲派と改憲派の対立を超えて

雑誌の対談記事の企画で、改憲派の論客の方と憲法についてお話しする機会がたびたびあります。

こうした方々の多くは、憲法は国家の基本法なのだから、文化や伝統、倫理、道徳などを国の形として憲法に書いておくべきだと言います。今の憲法に権利ばかり書いたことが「行きすぎた個人主義」を招いて日本をダメにしたのであり、憲法に国の形を書くことが日本を良くするために必要だというのです。憲法を変えれば日本の未来はバラ色であるかのような主張には、憲法というものにとても期待する気持ちが感じられます。

もちろん、日本の文化や伝統、道徳、倫理などの国の形をどうするかが軽んじられるべきではありません。個々の国民が日本の文化や伝統を知り、互いに自由な議論をしながら自分の考えを持ち、それが集約されて「日本の国の形」ができていくことは大切です。

ただ、憲法の役割は立憲主義、つまり自由のために権力を縛る道具にすぎません。国の形を書けばそのとおりに実現される魔法の杖《つえ》ではないのです。国の形は、愛国心や家族を大切にする倫理的・道徳的な心情が積み重なってできるものです。そしてこれらは、権力によって国民に押しつけるものではありません。内心から湧《わ》き出る「内発性」こそが重要です。そもそも国の形として特定の文化や伝統を権力が強制すれば、違う文化観や伝統観をもつ人々を排除するだけに終わります。それは「国の形」を土俵《どひょう》にした政治闘争にすぎず、本当の意味での国の形はまとまりません。

立憲主義については、「自分たちの生まれ故郷を縛るのはおかしい」といわれることもあります。しかし、そもそも立憲主義が縛ろうとしている「国」は、〝country〟(生まれ故郷)ではなく、〝state〟とか〝government〟といわれるものです。それは人為的に作った権力主体としての国の権力であり、縛ろうとしているのは、具体的には国会や内閣、裁判所の活動です。これらは「故郷」のような自然と違い、国民の多数意思を拠りどころにして作られたものであるだけに、過ちを犯す危険があるのです。

対談記事の企画で、司会を務めた宮崎哲弥《てつや》さんがこう話されたのが印象的でした。「護憲派といわれる伊藤さんが役割を限定して憲法にあまり期待しない、それに対して、改憲派といわれる人が何でも憲法に規定しようとしてすごく期待をしているのは面白いですね」と。

ただ、このような対立は、護憲派－改憲派の違いからではなく、改憲問題を考える際に立憲主義をふまえているかどうかという違いから生まれてくるものなのです。改憲－護憲の前にまず立憲主義を理解する必要があります。改憲であろうと護憲であろうと、立憲主義という共通の基盤の下に議論をすれば、改憲案はよりよい内容にブラッシュアップされていくはずです。

†立憲主義と国民主権

現行憲法の国民主権主義は、平和主義と密接に関連しながら、権力の暴走を防ぐことを最大の目標としています。

戦前の日本では、国家神道という宗教が国民生活全体を支配していました。明治憲法の下では天皇が現人神《あらひとがみ》として絶対化され、その地位は天照大神《あまてらすおおみかみ》の意思、つまり神勅《しんちょく》に基づくものとされていました（3条）。その権威に基づいて天皇は統治権の総攬《そうらん》者、つまり国家権力のすべての作用を一手にまとめる立場にありました（4条）。

明治憲法下におけるこのような天皇主権の国家体制は、明治期から敗戦までの間、一方で国民統合の役割を果たしながら国力を強めるのに貢献しました。しかし他方でさまざまな弊害ももたらしました。

その最たるものは、国家権力を暴走させて戦争を引き起こしてしまったことです。天皇の統帥大権、すなわち軍の作戦用兵を決める権限（軍令）は、議会による関与はもちろん、国務大臣による輔弼《ほひつ》（助け）なしに行うことができました（統帥権独立の原則。11条）。軍部は天皇の名の下に直接に政治に介入し、国家神道と結びついて社会生活そのものを支配しながら戦争に突入していきました。天皇陛下のための戦争だと言われれば、誰も戦争の方針に反対することはできなかったのです。

権力が、最大の人権侵害である戦争に暴走したことは、立憲主義にとって最悪の事態でした。神と結びついた天皇主権こそが戦争を引き起こした最大の原因であり、それによって自由や人権はないがしろにされたのです。日本国憲法はそう考えて、それとは真逆のシステムをとることを前文第1段の第1文に記しています。平和であって初めて自由の良さがわかるのだから、戦争をしないようにする。そのために、天皇主権ではなく国民主権を採用する、という部分です。それとともに、天皇を現人神とする神社神道を事実上の国教とした点も反省し、憲法は信教の自由の保障にあわせて、20条I項後段、同III項および89条前段で国と宗教を切り離すことにしています（政教分離の原則）。

†憲法制定権力

さて、前文第1段の第1文最後には「……ここに主権が国民に存することを宣言し、この憲法を確定する」と書かれています。これは、憲法制定権力が国民にあるということを記しています。

憲法を作り、国会や内閣など憲法上のさまざまな機関に権限を与える権力を、憲法制定権力といいます。憲法制定権力が国民にあるという考え方は、18世紀末の近代市民革命時、とくにアメリカ、フランスにおいて、国民主権を基礎づけ、近代立憲主義憲法を制定する推進力として大きな役割を演じました。先にロックの自然権思想を紹介したときに、人は生まれながらに生命・自由・財産の権利、すなわち「自然権」をもっており、これを守るために、市民が契約によって政府をつくりあげたといいました。この「契約によって政府をつくりあげ」る力が憲法制定権力です。

ただ、この憲法制定権力は、権力である以上、濫用されるおそれがあります。そこで、立憲主義思想に従い、それを行使するルールを憲法に定めて濫用を防ぎました。国民が主権を行使する際には、原則として代表者を通じて行動すること（前文1段、43条）、主権者として権力を行使するのは憲法改正手続きにおける国民投票のような例外に限るというルールです。

憲法改正手続きを定めた96条の発議要件を、現行の3分の2から過半数に改正して憲法を改正しやすくし、次いで、9条をはじめとする他の憲法条項を次々と変えていくことが、しばらく前に自民党から発信されたことがありました。いわゆる96条先行改正論です。

しかし、憲法制定権力が国民にあるという考えからすれば、そもそも私たち主権者は、国会議員に憲法改正のイニシャチブを与えているわけではありません。政府や与党のメンバーが「ここは自分たちにとって都合が悪いから変えたい」といって憲法を改正することは、憲法に拘束される者が自ら、邪魔なルールを変えたいというだけの話であり、憲法制定権力論ないし立憲主義思想からも筋の通るものではないのです。

96条先行改正論に代わって登場したのは解釈改憲論です。憲法改正手続きによらず、憲法解釈の名の下に解釈を逸脱する法運用を行ない、憲法が改正されたのと同じ事実状態を実現しようとする動きです。96条先行改正論が曲がりなりにも憲法を正面から改正する議論だったのに対して、解釈改憲論は、96条の改正手続きに乗せずに、したがって国民への発議も国民投票もそのための議論も行わずに、政府解釈を違憲の内容に変更する手法です。

たとえば、集団的自衛権の行使は、現在のところ、政府解釈として禁止されています。それを、政府解釈を変更することによって現行憲法9条のもとで容認するのが解釈改憲論です。さらに新たに成立した国家安全保障基本法は、集団的自衛権の行使を一部可能にすることが含まれています。憲法は最高法規ですから、このような立法改憲も許されることではありません。

解釈改憲・立法改憲は、なしくずしの変更なので国民へのショックが小さいから、大ごとにしないで改憲状態を実現できる点は権力側には都合がよいかもしれません。しかし、憲法の条文に明らかに違反した事実が通用することにより、法や権力への国民の不信を増大させるでしょう。それは、正式の改正手続きを経ずに、十分な議論が行われないまま、政府権力の判断で憲法違反を既成事実化するものであり、立憲主義の基本思想をないがしろにするものです。それくらいならば、正面から憲法改正の論議をすべきです。

†立憲主義と平和主義

日本国憲法の優れた点の一つに、近代立憲主義の正統な流れを引き継いでいることが挙げられます。立憲主義は、「人間が間違いを犯す生き物である」という真理に対する謙虚さの現れ、いわば「人類の英知」の結晶だと言えます。

この「人類の英知」は、決して西洋の借り物ではなく、日本の伝統に根ざすものと私は考えます。英語の〝constitution〟に対応する日本語は「憲法」です。これは聖徳太子の「17条の憲法」からとったものです。そこから保守派の人たちは、改憲案の論拠としてしばしば17条の憲法を持ち出し、それに対して護憲派は「復古的な主張だ」などと批判します。しかし17条の憲法は、仏教の根本である平和の考えを取り入れ、力ではなく話し合いで物事を解決することを徹底していると思うのです。あの時代に人間の知性・理性を重んじ、議論することで物事を解決することを示している先進性には驚かされます。かつ、役人に賄賂《わいろ》をもらうなと命じて権力を制限しています。イギリスで生まれる遥か以前に、日本は為政者が守るべきルールを作っていたのです。そういう立憲主義の伝統というものがこの国にはあるのです。その意味でこの「人類の英知」は、古来の伝統として日本人に根付いています。

もう一つの優れた点は、前文と9条に示される恒久平和主義、積極的非暴力平和主義です。戦争は、国家権力行使の典型ですから、立憲主義憲法が歯止めをかけるべき最大の関心事です。しかし、それ以上に日本にとっての特別な関心事でもあります。日本は、先の戦争で2000万人にのぼる近隣諸国の方々に危害を加えました。同時に310万人もの日本人も犠牲になりました。その反省に立ち、戦争を放棄するだけではなく、戦力も保持しない、交戦権も否定するという、他の先進諸国のどこにもない徹底した平和主義を採用しました。いわば積極的非暴力平和主義は「日本の英知」の結晶であり、日本の独自性・個性の現れなのです。

ところで、私は中高生の頃、愛国少年でした。日本の武士道に入れ込んで毎日弓を引いていました。そして、大和魂などを突きつめて考えていったら、私の場合、9条に行き着きました。どういうことか。それは一言でいえば、どちらも力に頼らず、精神的な気高さで相手を圧倒する点では同じだからです。刀を持っているから強いのではなく、人格の高潔さで相手を説得し、手を出させない。私の思うそういう武士道の精神が9条にはあったのです。その意味で、日本人の精神を凝縮しているのが9条と思うのです。

私は保守か革新かと言われれば革新なのかもしれません。しかし、武士道や大和魂のような日本の文化・歴史を愛しています。それらは、必ずしも力ではなく、己を鍛え、決して刀は抜かないという点で高い精神性を感じることができるからです。それを国家に引きなおせば、問題を「力」で解決するのではなく、政治力、外交力、経済力、文化・芸術の力、志の高さ、国家の品格で解決することを目指すということになります。

†日本国憲法の「安全保障」

日本国憲法は、戦争の放棄、戦力の不保持、交戦権の否認を内容とする憲法9条を定め、この1か条を「第2章　戦争の放棄」というタイトルの下におきました。前文とともに平和主義を支える条文です。

ところが、最近、中国や韓国との間で、尖閣諸島や竹島の領有権を巡り、両国との関係がぎくしゃくしています。そこから「戦争を放棄し、諸国民の公正と信義に信頼しただけでは日本の安全保障は保てないのではないか」という意見も主張されています。では日本国憲法は、戦争を放棄しただけで、安全保障については何も考えていないのでしょうか。

現行憲法は、前文3段で「われらは、全世界の国民が、ひとしく恐怖と欠乏《けつぼう》から免かれ、平和のうちに生存する権利を有する」として平和的生存権を定めています。ひとりひとりを個人として尊重するからには、そのひとりひとりの命が守られ、恐怖と欠乏に怯《おび》えることなく平和に生きていくことができなければなりません。そのことを「権利」として、はっきりと保障したのです。

そして、平和的生存権を保障する憲法の下では、「安全保障」という言葉の意味も、国の安全ではなく人間の安全保障として捉えるべきです。すなわち、人間にとって最大の脅威は、国家間の戦争のみではなく、環境破壊、人権侵害、難民、貧困など人間の尊厳を脅《おびや》かすあらゆる脅威にあると捉え、「恐怖」や「欠乏」に苦しむことなく、人として尊厳をもてる生活を実現しようという発想です。1994年の国連開発計画（UNDP）報告書では、その「脅威」に自然災害を含むとされており、とりわけ東日本大震災を経験したわが国では、憲法の「安全保障」も人間中心に捉えなければなりません。

さらに現行憲法は「戦争の放棄」の章題で9条を定め、戦争の放棄、戦力の不保持、交戦権の否認という平和主義の三原則を明示します。以上のような前文と9条に照らせば、現行憲法は積極的非暴力平和主義の立場をとっています。国民を恐怖に陥《おとしい》れ、命を脅かすような「軍事力による防衛」に出るのではなく、世界の紛争地域から恐怖と欠乏を根絶するために、非暴力の手段によって積極的な活動をすることを通じて他国から信頼され、攻められない国をつくる思想です。

巻末資料 # 日本国憲法・原文

日本国民は、正当に選挙された国会における代表者を通じて行動し、われらとわれらの子孫のために、諸国民との協和による成果と、わが国全土にわたつて自由のもたらす恵沢を確保し、政府の行為によつて再び戦争の惨禍が起ることのないやうにすることを決意し、ここに主権が国民に存することを宣言し、この憲法を確定する。そもそも国政は、国民の厳粛な信託によるものであつて、その権威は国民に由来し、その権力は国民の代表者がこれを行使し、その福利は国民がこれを享受する。これは人類普遍の原理であり、この憲法は、かかる原理に基くものである。われらは、これに反する一切の憲法、法令及び詔勅を排除する。

日本国民は、恒久の平和を念願し、人間相互の関係を支配する崇高な理想を深く自覚するのであつて、平和を愛する諸国民の公正と信義に信頼して、われらの安全と生存を保持しようと決意した。われらは、平和を維持し、専制と隷従、圧迫と偏狭を地上から永遠に除去しようと努めてゐる国際社会において、名誉ある地位を占めたいと思ふ。われらは、全世界の国民が、ひとしく恐怖と欠乏から免かれ、平和のうちに生存する権利を有することを確認する。

われらは、いづれの国家も、自国のことのみに専念して他国を無視してはならないのであつて、政治道徳の法則は、普遍的なものであり、この法則に従ふことは、自国の主権を維持し、他国と対等関係に立たうとする各国の責務であると信ずる。

日本国民は、国家の名誉にかけ、全力をあげてこの崇高な理想と目的を達成することを誓ふ。

第1章 天皇

第1条 天皇は、日本国の象徴であり日本国民統合の象徴であつて、この地位は、主権の存する日本国民の総意に基く。

第2条　皇位は、世襲のものであつて、国会の議決した皇室典範の定めるところにより、これを継承する。
第3条　天皇の国事に関するすべての行為には、内閣の助言と承認を必要とし、内閣が、その責任を負ふ。
第4条　天皇は、この憲法の定める国事に関する行為のみを行ひ、国政に関する権能を有しない。
○2　天皇は、法律の定めるところにより、その国事に関する行為を委任することができる。
第5条　皇室典範の定めるところにより摂政を置くときは、摂政は、天皇の名でその国事に関する行為を行ふ。この場合には、前条第一項の規定を準用する。
第6条　天皇は、国会の指名に基いて、内閣総理大臣を任命する。
○2　天皇は、内閣の指名に基いて、最高裁判所の長たる裁判官を任命する。
第7条　天皇は、内閣の助言と承認により、国民のために、左の国事に関する行為を行ふ。
一　憲法改正、法律、政令及び条約を公布すること。
二　国会を召集すること。
三　衆議院を解散すること。
四　国会議員の総選挙の施行を公示すること。
五　国務大臣及び法律の定めるその他の官吏の任免並びに全権委任状及び大使及び公使の信任状を認証すること。
六　大赦、特赦、減刑、刑の執行の免除及び復権を認証すること。
七　栄典を授与すること。
八　批准書及び法律の定めるその他の外交文書を認証すること。
九　外国の大使及び公使を接受すること。
十　儀式を行ふこと。
第8条　皇室に財産を譲り渡し、又は皇室が、財産を譲り受け、若しくは賜与することは、国会の議決に基かなければならない。

第2章　戦争の放棄

第9条　日本国民は、正義と秩序を基調とする国際平和を誠実に希求し、国権の発動たる戦争と、武力による威嚇又は武力の行使は、国際紛争を解決する手段としては、永久にこれを放棄する。

○2　前項の目的を達するため、陸海空軍その他の戦力は、これを保持しない。国の交戦権は、これを認めない。

第3章　国民の権利及び義務

第10条　日本国民たる要件は、法律でこれを定める。

第11条　国民は、すべての基本的人権の享有を妨げられない。この憲法が国民に保障する基本的人権は、侵すことのできない永久の権利として、現在及び将来の国民に与へられる。

第12条　この憲法が国民に保障する自由及び権利は、国民の不断の努力によつて、これを保持しなければならない。又、国民は、これを濫用してはならないのであつて、常に公共の福祉のためにこれを利用する責任を負ふ。

第13条　すべて国民は、個人として尊重される。生命、自由及び幸福追求に対する国民の権利については、公共の福祉に反しない限り、立法その他の国政の上で、最大の尊重を必要とする。

第14条　すべて国民は、法の下に平等であつて、人種、信条、性別、社会的身分又は門地により、政治的、経済的又は社会的関係において、差別されない。

○2　華族その他の貴族の制度は、これを認めない。

○3　栄誉、勲章その他の栄典の授与は、いかなる特権も伴はない。栄典の授与は、現にこれを有し、又は将来これを受ける者の一代に限り、その効力を有する。

第15条　公務員を選定し、及びこれを罷免することは、国民固有の権利である。

○2　すべて公務員は、全体の奉仕者であつて、一部の奉仕者ではない。

○3　公務員の選挙については、成年者による普通選挙を保障する。
○4　すべて選挙における投票の秘密は、これを侵してはならない。選挙人は、その選択に関し公的にも私的にも責任を問はれない。
第16条　何人も、損害の救済、公務員の罷免、法律、命令又は規則の制定、廃止又は改正その他の事項に関し、平穏に請願する権利を有し、何人も、かかる請願をしたためにいかなる差別待遇も受けない。
第17条　何人も、公務員の不法行為により、損害を受けたときは、法律の定めるところにより、国又は公共団体に、その賠償を求めることができる。
第18条　何人も、いかなる奴隷的拘束も受けない。又、犯罪に因る処罰の場合を除いては、その意に反する苦役に服させられない。
第19条　思想及び良心の自由は、これを侵してはならない。
第20条　信教の自由は、何人に対してもこれを保障する。いかなる宗教団体も、国から特権を受け、又は政治上の権力を行使してはならない。
○2　何人も、宗教上の行為、祝典、儀式又は行事に参加することを強制されない。
○3　国及びその機関は、宗教教育その他いかなる宗教的活動もしてはならない。
第21条　集会、結社及び言論、出版その他一切の表現の自由は、これを保障する。
○2　検閲は、これをしてはならない。通信の秘密は、これを侵してはならない。
第22条　何人も、公共の福祉に反しない限り、居住、移転及び職業選択の自由を有する。
○2　何人も、外国に移住し、又は国籍を離脱する自由を侵されない。
第23条　学問の自由は、これを保障する。
第24条　婚姻は、両性の合意のみに基いて成立し、夫婦が同等の権利を有することを基本として、相互の協力により、維持されなければならない。
○2　配偶者の選択、財産権、相続、住居の選定、離婚並びに婚姻及び家族に関するその他の事項に関しては、法律は、個人の尊厳と両性の本質的平等に立脚して、制定されなければならない。

第25条　すべて国民は、健康で文化的な最低限度の生活を営む権利を有する。
○2　国は、すべての生活部面について、社会福祉、社会保障及び公衆衛生の向上及び増進に努めなければならない。
第26条　すべて国民は、法律の定めるところにより、その能力に応じて、ひとしく教育を受ける権利を有する。
○2　すべて国民は、法律の定めるところにより、その保護する子女に普通教育を受けさせる義務を負ふ。義務教育は、これを無償とする。
第27条　すべて国民は、勤労の権利を有し、義務を負ふ。
○2　賃金、就業時間、休息その他の勤労条件に関する基準は、法律でこれを定める。
○3　児童は、これを酷使してはならない。
第28条　勤労者の団結する権利及び団体交渉その他の団体行動をする権利は、これを保障する。
第29条　財産権は、これを侵してはならない。
○2　財産権の内容は、公共の福祉に適合するやうに、法律でこれを定める。
○3　私有財産は、正当な補償の下に、これを公共のために用ひることができる。
第30条　国民は、法律の定めるところにより、納税の義務を負ふ。
第31条　何人も、法律の定める手続によらなければ、その生命若しくは自由を奪はれ、又はその他の刑罰を科せられない。
第32条　何人も、裁判所において裁判を受ける権利を奪はれない。
第33条　何人も、現行犯として逮捕される場合を除いては、権限を有する司法官憲が発し、且つ理由となつてゐる犯罪を明示する令状によらなければ、逮捕されない。
第34条　何人も、理由を直ちに告げられ、且つ、直ちに弁護人に依頼する権利を与へられなければ、抑留又は拘禁されない。又、何人も、正当な理由がなければ、拘禁されず、要求があれば、その理由は、直ちに本人及びその弁護人の出席する公開の法廷で示されなければならない。
第35条　何人も、その住居、書類及び所持品について、侵入、捜索及び押収を受けることのない権利は、第三十三条

○2 の場合を除いては、正当な理由に基いて発せられ、且つ捜索する場所及び押収する物を明示する令状がなければ、侵されない。
○2 捜索又は押収は、権限を有する司法官憲が発する各別の令状により、これを行ふ。
第36条 公務員による拷問及び残虐な刑罰は、絶対にこれを禁ずる。
第37条 すべて刑事事件においては、被告人は、公平な裁判所の迅速な公開裁判を受ける権利を有する。
○2 刑事被告人は、すべての証人に対して審問する機会を充分に与へられ、又、公費で自己のために強制的手続により証人を求める権利を有する。
○3 刑事被告人は、いかなる場合にも、資格を有する弁護人を依頼することができる。被告人が自らこれを依頼することができないときは、国でこれを附する。
第38条 何人も、自己に不利益な供述を強要されない。
○2 強制、拷問若しくは脅迫による自白又は不当に長く抑留若しくは拘禁された後の自白は、これを証拠とすることができない。
○3 何人も、自己に不利益な唯一の証拠が本人の自白である場合には、有罪とされ、又は刑罰を科せられない。
第39条 何人も、実行の時に適法であつた行為又は既に無罪とされた行為については、刑事上の責任を問はれない。又、同一の犯罪について、重ねて刑事上の責任を問はれない。
第40条 何人も、抑留又は拘禁された後、無罪の裁判を受けたときは、法律の定めるところにより、国にその補償を求めることができる。

第4章 国会

第41条 国会は、国権の最高機関であつて、国の唯一の立法機関である。
第42条 国会は、衆議院及び参議院の両議院でこれを構成する。
第43条 両議院は、全国民を代表する選挙された議員でこれを組織する。

○2　両議院の議員の定数は、法律でこれを定める。
第44条　両議院の議員及びその選挙人の資格は、法律でこれを定める。但し、人種、信条、性別、社会的身分、門地、教育、財産又は収入によつて差別してはならない。
第45条　衆議院議員の任期は、四年とする。但し、衆議院解散の場合には、その期間満了前に終了する。
第46条　参議院議員の任期は、六年とし、三年ごとに議員の半数を改選する。
第47条　選挙区、投票の方法その他両議院の議員の選挙に関する事項は、法律でこれを定める。
第48条　何人も、同時に両議院の議員たることはできない。
第49条　両議院の議員は、法律の定めるところにより、国庫から相当額の歳費を受ける。
第50条　両議院の議員は、法律の定める場合を除いては、国会の会期中逮捕されず、会期前に逮捕された議員は、その議院の要求があれば、会期中これを釈放しなければならない。
第51条　両議院の議員は、議院で行つた演説、討論又は表決について、院外で責任を問はれない。
第52条　国会の常会は、毎年一回これを召集する。
第53条　内閣は、国会の臨時会の召集を決定することができる。いづれかの議院の総議員の四分の一以上の要求があれば、内閣は、その召集を決定しなければならない。
第54条　衆議院が解散されたときは、解散の日から四十日以内に、衆議院議員の総選挙を行ひ、その選挙の日から三十日以内に、国会を召集しなければならない。
○2　衆議院が解散されたときは、参議院は、同時に閉会となる。但し、内閣は、国に緊急の必要があるときは、参議院の緊急集会を求めることができる。
○3　前項但書の緊急集会において採られた措置は、臨時のものであつて、次の国会開会の後十日以内に、衆議院の同意がない場合には、その効力を失ふ。
第55条　両議院は、各々その議員の資格に関する争訟を裁判する。但し、議員の議席を失はせるには、出席議員の三分の二以上の多数による議決を必要とする。
第56条　両議院は、各々その総議員の三分の一以上の出席がなければ、議事を開き議決することができない。

○2　両議院の議事は、この憲法に特別の定のある場合を除いては、出席議員の過半数でこれを決し、可否同数のときは、議長の決するところによる。
第57条　両議院の会議は、公開とする。但し、出席議員の三分の二以上の多数で議決したときは、秘密会を開くことができる。
○2　両議院は、各々その会議の記録を保存し、秘密会の記録の中で特に秘密を要すると認められるもの以外は、これを公表し、且つ一般に頒布しなければならない。
○3　出席議員の五分の一以上の要求があれば、各議員の表決は、これを会議録に記載しなければならない。
第58条　両議院は、各々その議長その他の役員を選任する。
○2　両議院は、各々その会議その他の手続及び内部の規律に関する規則を定め、又、院内の秩序をみだした議員を懲罰することができる。但し、議員を除名するには、出席議員の三分の二以上の多数による議決を必要とする。
第59条　法律案は、この憲法に特別の定のある場合を除いては、両議院で可決したとき法律となる。
○2　衆議院で可決し、参議院でこれと異なつた議決をした法律案は、衆議院で出席議員の三分の二以上の多数で再び可決したときは、法律となる。
○3　前項の規定は、法律の定めるところにより、衆議院が、両議院の協議会を開くことを求めることを妨げない。
○4　参議院が、衆議院の可決した法律案を受け取つた後、国会休会中の期間を除いて六十日以内に、議決しないときは、衆議院は、参議院がその法律案を否決したものとみなすことができる。
第60条　予算は、さきに衆議院に提出しなければならない。
○2　予算について、参議院で衆議院と異なつた議決をした場合に、法律の定めるところにより、両議院の協議会を開いても意見が一致しないとき、又は参議院が、衆議院の可決した予算を受け取つた後、国会休会中の期間を除いて三十日以内に、議決しないときは、衆議院の議決を国会の議決とする。
第61条　条約の締結に必要な国会の承認については、前条第二項の規定を準用する。
第62条　両議院は、各々国政に関する調査を行ひ、これに関して、証人の出頭及び証言並びに記録の提出を要求することができる。

第63条　内閣総理大臣その他の国務大臣は、両議院の一に議席を有すると有しないとにかかはらず、何時でも議案について発言するため議院に出席することができる。又、答弁又は説明のため出席を求められたときは、出席しなければならない。

第64条　国会は、罷免の訴追を受けた裁判官を裁判するため、両議院の議員で組織する弾劾裁判所を設ける。

○2　弾劾に関する事項は、法律でこれを定める。

第5章　内閣

第65条　行政権は、内閣に属する。

第66条　内閣は、法律の定めるところにより、その首長たる内閣総理大臣及びその他の国務大臣でこれを組織する。

○2　内閣総理大臣その他の国務大臣は、文民でなければならない。

○3　内閣は、行政権の行使について、国会に対し連帯して責任を負ふ。

第67条　内閣総理大臣は、国会議員の中から国会の議決で、これを指名する。この指名は、他のすべての案件に先だつて、これを行ふ。

○2　衆議院と参議院とが異なつた指名の議決をした場合に、法律の定めるところにより、両議院の協議会を開いても意見が一致しないとき、又は衆議院が指名の議決をした後、国会休会中の期間を除いて十日以内に、参議院が、指名の議決をしないときは、衆議院の議決を国会の議決とする。

第68条　内閣総理大臣は、国務大臣を任命する。但し、その過半数は、国会議員の中から選ばれなければならない。

○2　内閣総理大臣は、任意に国務大臣を罷免することができる。

第69条　内閣は、衆議院で不信任の決議案を可決し、又は信任の決議案を否決したときは、十日以内に衆議院が解散されない限り、総辞職をしなければならない。

第70条　内閣総理大臣が欠けたとき、又は衆議院議員総選挙の後に初めて国会の召集があつたときは、内閣は、総辞職をしなければならない。

第71条　前二条の場合には、内閣は、あらたに内閣総理大臣が任命されるまで引き続きその職務を行ふ。

第72条　内閣総理大臣は、内閣を代表して議案を国会に提出し、一般国務及び外交関係について国会に報告し、並びに行政各部を指揮監督する。

第73条　内閣は、他の一般行政事務の外、左の事務を行ふ。

一　法律を誠実に執行し、国務を総理すること。

二　外交関係を処理すること。

三　条約を締結すること。但し、事前に、時宜によつては事後に、国会の承認を経ることを必要とする。

四　法律の定める基準に従ひ、官吏に関する事務を掌理すること。

五　予算を作成して国会に提出すること。

六　この憲法及び法律の規定を実施するために、政令を制定すること。但し、政令には、特にその法律の委任がある場合を除いては、罰則を設けることができない。

七　大赦、特赦、減刑、刑の執行の免除及び復権を決定すること。

第74条　法律及び政令には、すべて主任の国務大臣が署名し、内閣総理大臣が連署することを必要とする。

第75条　国務大臣は、その在任中、内閣総理大臣の同意がなければ、訴追されない。但し、これがため、訴追の権利は、害されない。

第6章　司法

第76条　すべて司法権は、最高裁判所及び法律の定めるところにより設置する下級裁判所に属する。

○2　特別裁判所は、これを設置することができない。行政機関は、終審として裁判を行ふことができない。

○3　すべて裁判官は、その良心に従ひ独立してその職権を行ひ、この憲法及び法律にのみ拘束される。

第77条　最高裁判所は、訴訟に関する手続、弁護士、裁判所の内部規律及び司法事務処理に関する事項について、規則を定める権限を有する。

○2 検察官は、最高裁判所の定める規則に従はなければならない。

○3 最高裁判所は、下級裁判所に関する規則を定める権限を、下級裁判所に委任することができる。

第78条 裁判官は、裁判により、心身の故障のために職務を執ることができないと決定された場合を除いては、公の弾劾によらなければ罷免されない。裁判官の懲戒処分は、行政機関がこれを行ふことはできない。

第79条 最高裁判所は、その長たる裁判官及び法律の定める員数のその他の裁判官でこれを構成し、その長たる裁判官以外の裁判官は、内閣でこれを任命する。

○2 最高裁判所の裁判官の任命は、その任命後初めて行はれる衆議院議員総選挙の際国民の審査に付し、その後十年を経過した後初めて行はれる衆議院議員総選挙の際更に審査に付し、その後も同様とする。

○3 前項の場合において、投票者の多数が裁判官の罷免を可とするときは、その裁判官は、罷免される。

○4 審査に関する事項は、法律でこれを定める。

○5 最高裁判所の裁判官は、法律の定める年齢に達した時に退官する。

○6 最高裁判所の裁判官は、すべて定期に相当額の報酬を受ける。この報酬は、在任中、これを減額することができない。

第80条 下級裁判所の裁判官は、最高裁判所の指名した者の名簿によつて、内閣でこれを任命する。その裁判官は、任期を十年とし、再任されることができる。但し、法律の定める年齢に達した時には退官する。

○2 下級裁判所の裁判官は、すべて定期に相当額の報酬を受ける。この報酬は、在任中、これを減額することができない。

第81条 最高裁判所は、一切の法律、命令、規則又は処分が憲法に適合するかしないかを決定する権限を有する終審裁判所である。

第82条 裁判の対審及び判決は、公開法廷でこれを行ふ。

○2 裁判所が、裁判官の全員一致で、公の秩序又は善良の風俗を害する虞があると決した場合には、対審は、公開しないでこれを行ふことができる。但し、政治犯罪、出版に関する犯罪又はこの憲法第三章で保障する国民の権利が問題となつてゐる事件の対審は、常にこれを公開しなければならない。

第7章　財政

第83条　国の財政を処理する権限は、国会の議決に基いて、これを行使しなければならない。
第84条　あらたに租税を課し、又は現行の租税を変更するには、法律又は法律の定める条件によることを必要とする。
第85条　国費を支出し、又は国が債務を負担するには、国会の議決に基くことを必要とする。
第86条　内閣は、毎会計年度の予算を作成し、国会に提出して、その審議を受け議決を経なければならない。
第87条　予見し難い予算の不足に充てるため、国会の議決に基いて予備費を設け、内閣の責任でこれを支出することができる。
○2　すべて予備費の支出については、内閣は、事後に国会の承諾を得なければならない。
第88条　すべて皇室財産は、国に属する。すべて皇室の費用は、予算に計上して国会の議決を経なければならない。
第89条　公金その他の公の財産は、宗教上の組織若しくは団体の使用、便益若しくは維持のため、又は公の支配に属しない慈善、教育若しくは博愛の事業に対し、これを支出し、又はその利用に供してはならない。
第90条　国の収入支出の決算は、すべて毎年会計検査院がこれを検査し、内閣は、次の年度に、その検査報告とともに、これを国会に提出しなければならない。
○2　会計検査院の組織及び権限は、法律でこれを定める。
第91条　内閣は、国会及び国民に対し、定期に、少くとも毎年一回、国の財政状況について報告しなければならない。

第8章　地方自治

第92条　地方公共団体の組織及び運営に関する事項は、地方自治の本旨に基いて、法律でこれを定める。
第93条　地方公共団体には、法律の定めるところにより、その議事機関として議会を設置する。

○2　地方公共団体の長、その議会の議員及び法律の定めるその他の吏員は、その地方公共団体の住民が、直接これを選挙する。

第94条　地方公共団体は、その財産を管理し、事務を処理し、及び行政を執行する権能を有し、法律の範囲内で条例を制定することができる。

第95条　一の地方公共団体のみに適用される特別法は、法律の定めるところにより、その地方公共団体の住民の投票においてその過半数の同意を得なければ、国会は、これを制定することができない。

第9章　改正

第96条　この憲法の改正は、各議院の総議員の三分の二以上の賛成で、国会が、これを発議し、国民に提案してその承認を経なければならない。この承認には、特別の国民投票又は国会の定める選挙の際行はれる投票において、その過半数の賛成を必要とする。

○2　憲法改正について前項の承認を経たときは、天皇は、国民の名で、この憲法と一体を成すものとして、直ちにこれを公布する。

第10章　最高法規

第97条　この憲法が日本国民に保障する基本的人権は、人類の多年にわたる自由獲得の努力の成果であつて、これらの権利は、過去幾多の試錬に堪へ、現在及び将来の国民に対し、侵すことのできない永久の権利として信託されたものである。

第98条　この憲法は、国の最高法規であつて、その条規に反する法律、命令、詔勅及び国務に関するその他の行為の全部又は一部は、その効力を有しない。

○2　日本国が締結した条約及び確立された国際法規は、これを誠実に遵守することを必要とする。

第99条　天皇又は摂政及び国務大臣、国会議員、裁判官その他の公務員は、この憲法を尊重し擁護する義務を負ふ。

第11章　補則

第100条　この憲法は、公布の日から起算して六箇月を経過した日から、これを施行する。
○2　この憲法を施行するために必要な法律の制定、参議院議員の選挙及び国会召集の手続並びにこの憲法を施行するために必要な準備手続は、前項の期日よりも前に、これを行ふことができる。
第101条　この憲法施行の際、参議院がまだ成立してゐないときは、その成立するまでの間、衆議院は、国会としての権限を行ふ。
第102条　この憲法による第一期の参議院議員のうち、その半数の者の任期は、これを三年とする。その議員は、法律の定めるところにより、これを定める。
第103条　この憲法施行の際現に在職する国務大臣、衆議院議員及び裁判官並びにその他の公務員で、その地位に相応する地位がこの憲法で認められてゐる者は、法律で特別の定をした場合を除いては、この憲法施行のため、当然にはその地位を失ふことはない。但し、この憲法によつて、後任者が選挙又は任命されたときは、当然その地位を失ふ。

大日本帝国憲法・原文

第1章　天皇

第1条　大日本帝国ハ万世一系ノ天皇之ヲ統治ス
第2条　皇位ハ皇室典範ノ定ムル所ニ依リ皇男子孫之ヲ継承ス
第3条　天皇ハ神聖ニシテ侵スヘカラス
第4条　天皇ハ国ノ元首ニシテ統治権ヲ総攬シ此ノ憲法ノ条規ニ依リ之ヲ行フ
第5条　天皇ハ帝国議会ノ協賛ヲ以テ立法権ヲ行フ
第6条　天皇ハ法律ヲ裁可シ其ノ公布及執行ヲ命ス
第7条　天皇ハ帝国議会ヲ召集シ其ノ開会閉会停会及衆議院ノ解散ヲ命ス
第8条　天皇ハ公共ノ安全ヲ保持シ又ハ其ノ災厄ヲ避クル為緊急ノ必要ニ由リ帝国議会閉会ノ場合ニ於テ法律ニ代ルヘキ勅令ヲ発ス
2　此ノ勅令ハ次ノ会期ニ於テ帝国議会ニ提出スヘシ若議会ニ於テ承諾セサルトキハ政府ハ将来ニ向テ其ノ効力ヲ失フコトヲ公布スヘシ
第9条　天皇ハ法律ヲ執行スル為ニ又ハ公共ノ安寧秩序ヲ保持シ及臣民ノ幸福ヲ増進スル為ニ必要ナル命令ヲ発シ又ハ発セシム但シ命令ヲ以テ法律ヲ変更スルコトヲ得ス
第10条　天皇ハ行政各部ノ官制及文武官ノ俸給ヲ定メ及文武官ヲ任免ス但シ此ノ憲法又ハ他ノ法律ニ特例ヲ掲ケタルモノハ各々其ノ条項ニ依ル
第11条　天皇ハ陸海軍ヲ統帥ス

第12条　天皇ハ陸海軍ノ編制及常備兵額ヲ定ム
第13条　天皇ハ戦ヲ宣シ和ヲ講シ及諸般ノ条約ヲ締結ス
第14条　天皇ハ戒厳ヲ宣告ス
2　戒厳ノ要件及効力ハ法律ヲ以テ之ヲ定ム
第15条　天皇ハ爵位勲章及其ノ他ノ栄典ヲ授与ス
第16条　天皇ハ大赦特赦減刑及復権ヲ命ス
第17条　摂政ヲ置クハ皇室典範ノ定ムル所ニ依ル
2　摂政ハ天皇ノ名ニ於テ大権ヲ行フ

第2章　臣民権利義務

第18条　日本臣民タルノ要件ハ法律ノ定ムル所ニ依ル
第19条　日本臣民ハ法律命令ノ定ムル所ノ資格ニ応シ均ク文武官ニ任セラレ及其ノ他ノ公務ニ就クコトヲ得
第20条　日本臣民ハ法律ノ定ムル所ニ従ヒ兵役ノ義務ヲ有ス
第21条　日本臣民ハ法律ノ定ムル所ニ従ヒ納税ノ義務ヲ有ス
第22条　日本臣民ハ法律ノ範囲内ニ於テ居住及移転ノ自由ヲ有ス
第23条　日本臣民ハ法律ニ依ルニ非スシテ逮捕監禁審問処罰ヲ受クルコトナシ
第24条　日本臣民ハ法律ニ定メタル裁判官ノ裁判ヲ受クルノ権ヲ奪ハルヽコトナシ
第25条　日本臣民ハ法律ニ定メタル場合ヲ除ク外其ノ許諾ナクシテ住所ニ侵入セラレ及捜索セラルヽコトナシ
第26条　日本臣民ハ法律ニ定メタル場合ヲ除ク外信書ノ秘密ヲ侵サルヽコトナシ
第27条　日本臣民ハ其ノ所有権ヲ侵サルヽコトナシ
2　公益ノ為必要ナル処分ハ法律ノ定ムル所ニ依ル
第28条　日本臣民ハ安寧秩序ヲ妨ケス及臣民タルノ義務ニ背カサル限ニ於テ信教ノ自由ヲ有ス

第29条　日本臣民ハ法律ノ範囲内ニ於テ言論著作印行集会及結社ノ自由ヲ有ス
第30条　日本臣民ハ相当ノ敬礼ヲ守リ別ニ定ムル所ノ規程ニ従ヒ請願ヲ為スコトヲ得
第31条　本章ニ掲ケタル条規ハ戦時又ハ国家事変ノ場合ニ於テ天皇大権ノ施行ヲ妨クルコトナシ
第32条　本章ニ掲ケタル条規ハ陸海軍ノ法令又ハ紀律ニ牴触セサルモノニ限リ軍人ニ準行ス

第3章　帝国議会

第33条　帝国議会ハ貴族院衆議院ノ両院ヲ以テ成立ス
第34条　貴族院ハ貴族院令ノ定ムル所ニ依リ皇族華族及勅任セラレタル議員ヲ以テ組織ス
第35条　衆議院ハ選挙法ノ定ムル所ニ依リ公選セラレタル議員ヲ以テ組織ス
第36条　何人モ同時ニ両議院ノ議員タルコトヲ得ス
第37条　凡テ法律ハ帝国議会ノ協賛ヲ経ルヲ要ス
第38条　両議院ハ政府ノ提出スル法律案ヲ議決シ及各々法律案ヲ提出スルコトヲ得
第39条　両議院ノ一ニ於テ否決シタル法律案ハ同会期中ニ於テ再ヒ提出スルコトヲ得ス
第40条　両議院ハ法律又ハ其ノ他ノ事件ニ付各々其ノ意見ヲ政府ニ建議スルコトヲ得但シ其ノ採納ヲ得サルモノハ同会期中ニ於テ再ヒ建議スルコトヲ得ス
第41条　帝国議会ハ毎年之ヲ召集ス
第42条　帝国議会ハ三箇月ヲ以テ会期トス必要アル場合ニ於テハ勅命ヲ以テ之ヲ延長スルコトアルヘシ
第43条　臨時緊急ノ必要アル場合ニ於テ常会ノ外臨時会ヲ召集スヘシ
2　臨時会ノ会期ヲ定ムルハ勅命ニ依ル
第44条　帝国議会ノ開会閉会会期ノ延長及停会ハ両院同時ニ之ヲ行フヘシ
2　衆議院解散ヲ命セラレタルトキハ貴族院ハ同時ニ停会セラルヘシ
第45条　衆議院解散ヲ命セラレタルトキハ勅令ヲ以テ新ニ議員ヲ選挙セシメ解散ノ日ヨリ五箇月以内ニ之ヲ召集スヘ

シ

第46条　両議院ハ各々其ノ総議員三分ノ一以上出席スルニ非サレハ議事ヲ開キ議決ヲ為ス事ヲ得ス

第47条　両議院ノ議事ハ過半数ヲ以テ決ス可否同数ナルトキハ議長ノ決スル所ニ依ル

第48条　両議院ノ会議ハ公開ス但シ政府ノ要求又ハ其ノ院ノ決議ニ依リ秘密会ト為スコトヲ得

第49条　両議院ハ各々天皇ニ上奏スルコトヲ得

第50条　両議院ハ臣民ヨリ呈出スル請願書ヲ受クルコトヲ得

第51条　両議院ハ此ノ憲法及議院法ニ掲クルモノヽ外内部ノ整理ニ必要ナル諸規則ヲ定ムルコトヲ得

第52条　両議院ノ議員ハ議院ニ於テ発言シタル意見及表決ニ付院外ニ於テ責ヲ負フコトナシ但シ議員自ラ其ノ言論ヲ演説刊行筆記又ハ其ノ他ノ方法ヲ以テ公布シタルトキハ一般ノ法律ニ依リ処分セラルヘシ

第53条　両議院ノ議員ハ現行犯罪又ハ内乱外患ニ関ル罪ヲ除ク外会期中其ノ院ノ許諾ナクシテ逮捕セラルヽコトナシ

第54条　国務大臣及政府委員ハ何時タリトモ各議院ニ出席シ及発言スルコトヲ得

第4章　国務大臣及枢密顧問

第55条　国務各大臣ハ天皇ヲ輔弼シ其ノ責ニ任ス

2　凡テ法律勅令其ノ他国務ニ関ル詔勅ハ国務大臣ノ副署ヲ要ス

第56条　枢密顧問ハ枢密院官制ノ定ムル所ニ依リ天皇ノ諮詢ニ応ヘ重要ノ国務ヲ審議ス

第5章　司法

第57条　司法権ハ天皇ノ名ニ於テ法律ニ依リ裁判所之ヲ行フ

2　裁判所ノ構成ハ法律ヲ以テ之ヲ定ム

第58条　裁判官ハ法律ニ定メタル資格ヲ具フル者ヲ以テ之ニ任ス

2 裁判官ハ刑法ノ宣告又ハ懲戒ノ処分ニ由ルノ外其ノ職ヲ免セラルヽコトナシ
3 懲戒ノ条規ハ法律ヲ以テ之ヲ定ム

第59条 裁判ノ対審判決ハ之ヲ公開ス但シ安寧秩序又ハ風俗ヲ害スルノ虞アルトキハ法律ニ依リ又ハ裁判所ノ決議ヲ以テ対審ノ公開ヲ停ムルコトヲ得

第60条 特別裁判所ノ管轄ニ属スヘキモノハ別ニ法律ヲ以テ之ヲ定ム

第61条 行政官庁ノ違法処分ニ由リ権利ヲ傷害セラレタリトスルノ訴訟ニシテ別ニ法律ヲ以テ定メタル行政裁判所ノ裁判ニ属スヘキモノハ司法裁判所ニ於テ受理スルノ限ニ在ラス

第6章 会計

第62条 新ニ租税ヲ課シ及税率ヲ変更スルハ法律ヲ以テ之ヲ定ムヘシ
2 但シ報償ニ属スル行政上ノ手数料及其ノ他ノ収納金ハ前項ノ限ニ在ラス
3 国債ヲ起シ及予算ニ定メタルモノヲ除ク外国庫ノ負担トナルヘキ契約ヲ為スハ帝国議会ノ協賛ヲ経ヘシ

第63条 現行ノ租税ハ更ニ法律ヲ以テ之ヲ改メサル限ハ旧ニ依リ之ヲ徴収ス

第64条 国家ノ歳出歳入ハ毎年予算ヲ以テ帝国議会ノ協賛ヲ経ヘシ
2 予算ノ款項ニ超過シ又ハ予算ノ外ニ生シタル支出アルトキハ後日帝国議会ノ承諾ヲ求ムルヲ要ス

第65条 予算ハ前ニ衆議院ニ提出スヘシ

第66条 皇室経費ハ現在ノ定額ニ依リ毎年国庫ヨリ之ヲ支出シ将来増額ヲ要スル場合ヲ除ク外帝国議会ノ協賛ヲ要セス

第67条 憲法上ノ大権ニ基ツケル既定ノ歳出及法律ノ結果ニ由リ又ハ法律上政府ノ義務ニ属スル歳出ハ政府ノ同意ナクシテ帝国議会之ヲ廃除シ又ハ削減スルコトヲ得ス

第68条 特別ノ須要ニ因リ政府ハ予メ年限ヲ定メ継続費トシテ帝国議会ノ協賛ヲ求ムルコトヲ得

第69条　避クヘカラサル予算ノ不足ヲ補フ為ニ又ハ予算ノ外ニ生シタル必要ノ費用ニ充ツル為ニ予備費ヲ設クヘシ

第70条　公共ノ安全ヲ保持スル為緊急ノ需用アル場合ニ於テ内外ノ情形ニ因リ政府ハ帝国議会ヲ召集スルコト能ハサルトキハ勅令ニ依リ財政上必要ノ処分ヲ為スコトヲ得

2　前項ノ場合ニ於テハ次ノ会期ニ於テ帝国議会ニ提出シ其ノ承諾ヲ求ムルヲ要ス

第71条　帝国議会ニ於テ予算ヲ議定セス又ハ予算成立ニ至ラサルトキハ政府ハ前年度ノ予算ヲ施行スヘシ

第72条　国家ノ歳出歳入ノ決算ハ会計検査院之ヲ検査確定シ政府ハ其ノ検査報告ト倶ニ之ヲ帝国議会ニ提出スヘシ

2　会計検査院ノ組織及職権ハ法律ヲ以テ之ヲ定ム

第7章　補則

第73条　将来此ノ憲法ノ条項ヲ改正スルノ必要アルトキハ勅命ヲ以テ議案ヲ帝国議会ノ議ニ付スヘシ

2　此ノ場合ニ於テ両議院ハ各々其ノ総員三分ノ二以上出席スルニ非サレハ議事ヲ開クコトヲ得ス出席議員三分ノ二以上ノ多数ヲ得ルニ非サレハ改正ノ議決ヲ為スコトヲ得ス

第74条　皇室典範ノ改正ハ帝国議会ノ議ヲ経ルヲ要セス

2　皇室典範ヲ以テ此ノ憲法ノ条規ヲ変更スルコトヲ得ス

第75条　憲法及皇室典範ハ摂政ヲ置クノ間之ヲ変更スルコトヲ得ス

第76条　法律規則命令又ハ何等ノ名称ヲ用ヰタルニ拘ラス此ノ憲法ニ矛盾セサル現行ノ法令ハ総テ遵由ノ効力ヲ有ス

2　歳出上政府ノ義務ニ係ル現在ノ契約又ハ命令ハ総テ第六十七条ノ例ニ依ル

ちくま新書
1049

現代語訳《げんだいごやく》 日本国憲法《にほんこくけんぽう》

二〇一四年一月一〇日 第一刷発行

訳者 伊藤真（いとう・まこと）

発行者 熊沢敏之

発行所 株式会社 筑摩書房
東京都台東区蔵前二-五-三 郵便番号一一一-八七五五
振替〇〇一六〇-八-四一二三

装幀者 間村俊一

印刷・製本 三松堂印刷 株式会社

乱丁・落丁本の場合は、左記宛にご送付下さい。
送料小社負担でお取り替えいたします。
ご注文・お問い合わせも左記へお願いいたします。
〒三三一-八五〇七 さいたま市北区櫛引町二-六〇四
筑摩書房サービスセンター 電話〇四八-六五一-〇〇五三

ISBN978-4-480-06755-5 C0232

ちくま新書

766 現代語訳 学問のすすめ 福澤諭吉 齋藤孝訳
諭吉がすすめる「学問」とは？ 世のために動くことで自分自身も充実する生き方を示し、激動の明治時代を導いた大ベストセラーから、今すべきことが見えてくる。

827 現代語訳 論語と算盤 渋沢栄一 守屋淳訳
資本主義の本質を見抜き、日本実業界の礎となった渋沢栄一。経営・労働・人材育成など、利潤と道徳を調和させる経営哲学には、今なすべき指針がつまっている。

861 現代語訳 武士道 新渡戸稲造 山本博文訳／解説
日本人の精神の根底をなした武士道。その思想的な源泉はどこにあり、いかにして普遍性を獲得しえたのか？世界的反響をよんだ名著が、清新な訳と解説でいま甦る。

615 現代語訳 般若心経 玄侑宗久
人はどうしたら苦しみから自由になれるのか。言葉や概念といった理知を超え、いのちの全体性を取り戻すための手引を、現代人の実感に寄り添って語る新訳決定版。

877 現代語訳 論語 齋藤孝訳
学び続けることの中に人生がある。――二千五百年間、読み継がれ、多くの人々の「精神の基準」となった古典中の古典を、生き生きとした訳で現代日本人に届ける。

532 靖国問題 高橋哲哉
戦後六十年を経て、なお問題でありつづける「靖国」を、具体的な歴史の場から見直し、それが「国家」の装置としていかなる役割を担ってきたのかを明らかにする。

465 憲法と平和を問いなおす 長谷部恭男
情緒論に陥りがちな改憲論議と冷静に向きあうには、そもそも何のための憲法かを問う視点が欠かせない。この国のかたちを決する大問題を考え抜く手がかりを示す。